二战战役

血色长空
XUESE CHANGKONG

不列颠空战
BULIEDIAN KONGZHAN

广隶 编著

中国书籍出版社
China Book Press

图书在版编目（CIP）数据

血色长空：不列颠空战/广隶编著．－－北京：中国书籍出版社，2021.11

ISBN 978-7-5068-8798-4

Ⅰ．①血… Ⅱ．①广… Ⅲ．①第二次世界大战战役－空战－史料 Ⅳ．① E195.2

中国版本图书馆 CIP 数据核字（2021）第 228499 号

血色长空：不列颠空战

广隶　编著

图书策划	武　斌　崔付建
责任编辑	成晓春
责任印制	孙马飞　马　芝
出版发行	中国书籍出版社
地　　址	北京市丰台区三路居路 97 号（邮编：100073）
电　　话	（010）52257143（总编室）（010）52257140（发行部）
电子邮箱	eo@chinabp.com.cn
经　　销	全国新华书店
印　　刷	三河市华东印刷有限公司
开　　本	710 毫米 × 1000 毫米　1/16
字　　数	210 千字
印　　张	12
版　　次	2022 年 3 月第 1 版
印　　次	2023 年 4 月第 2 次印刷
书　　号	ISBN 978-7-5068-8798-4
定　　价	39.00 元

版权所有　翻印必究

·序　言·

不列颠空战是"二战"中最大规模的空中战役，它是交战双方对于制空权的争夺战，也是交战双方空战思想的反馈。此次战役对于后世的影响十分重大，直接造成了"二战"后的空战军事思想的改变。随着现代科技的不断发展，科技在战争中的比重不断扩大。以往轻视全面化、忽略多层次化的战争方法逐渐被淘汰。德军也正是因为没有注重和英军的多元对战，从而导致了不列颠空战的惨败。"二战"早期，希特勒花费了大量时间和金钱来打造德国空军。德国空军的素质也有目共睹，王牌飞行员常常名扬战场。但到最后却依然惨败，不能不令人从多方面进行反思。

首先，德国空军的作战思想非常保守，依旧停留在空军是为了陆军、海军扫清障碍上，不能够客观地对待空军的重要作用。在不列颠空战期间，英军海上军队的优势很明显。德军绕开英军海军，直接进行空中的打击固然正确，不过在选择打击范围和打击力度上，德军犯了经验主义的错误。德军主要运用中小型轰炸机对英国城市进行轰炸，却没有重视和发展威力更大的远程重型轰炸机。英国的重要工厂和军事设施躲过一劫，仅有部分在战役中相对不重要的城市建筑受到严重损失。虽然看上去战火蔓延，炮火燃烧了整个英国，但实际上却没有消灭英国空军核心力量，给了英国人喘息的空间。战略上的失败，使得德国空军遭受了前所未有的损失。

其次，正面战场外的其他因素。目前学界普遍认为德军战败的原因可能来自英国军队的雷达系统。但是笔者以为，这件事情没有想象的得那么简单。英军除了雷达系统发挥了重要作用以外，正面战场以外的地下战场也起到了非常重要的作用。在地面上炮火连天的时候，英军和德军的间谍特工也没有闲着，亦是在汹涌的波涛里，明争暗斗。在这一方面，英军的实力是非常强悍的，而德军则显得非常乏力。例如1940年，德国空军总司令戈林对英国制订了"飞鹰"计划，但德军却没有得到足够情报信息的配合。在与英国空军较量的时候，虽然德军战斗机的数量占了2比1的优势，却因为英军的雷达和出色的情报能力而落于下风。之后，英军又得到了德国重要军事密码机"英格玛"，著名数学家、逻辑学家、计算机科学之父艾伦·席麦森·图灵带领的团队对"英格玛"进行了破解。德军在对英国的空战上不仅没有占到丝毫的便宜，反而被英国军队拖住后腿，陷入了持久战的僵持局面中。

　　除此之外，德军的战争是侵略性的，挑起战争的理由是非正义的。1940年5月9日，德国空军对德国一所大学进行袭击，造成了重大人员伤亡。德军统帅部将这一行为栽赃给比利时、荷兰，由此发动对西欧大陆的不正义的进攻，暴露了其烧杀抢掠的强盗嘴脸。这样不义的战争在世界历史上任何一个时期都是难以长期取胜的。虽然德军在西欧的战事取得了短暂的胜利，但终究被团结一致的英国人迎头痛击。英国首相、"硬汉"丘吉尔带领英国人进行了顽强的抗击，他说："我们只有一个目标，一个唯一的、不可变更的目标。我们决心要消灭希特勒，肃清纳粹制度的一切痕迹。什么也不能使我们改变这个决心。什么也不能！我们决不谈判；我们决不同希特勒或他的任何党羽进行谈判。我们将在陆地上同他作战，我们将在海洋上同他作战，我们将在天空中同他作战，直至借助上帝的力量，在地球上肃清他的阴影，并把地球上的人民从他的枷锁下解放出来。"英国人凭借着强大的民族自豪感和坚强的斗志，在德军的狂轰滥炸下存活下来，并且由劣势转为了优势，不可谓不伟大。一个正义的民族、一场正义的战争终将取得胜利！

　　如今，盘旋在英国伦敦上空的"飞鹰"已不复存在，世界重新回归和平。但是我们不能忘记这一场震撼人心的战役，不能忘记维护世界和平的英雄们。不列颠空战不仅仅是英国人的胜利，更是全世界反法西斯勇士们的胜利。这场战役显现了防空在战争中的重要意义，扭转了第二次世界大战的局面，对世界秩序的重建起到了不可忽视的作用。希特勒曾多次宣称"意志的胜利"，企图用意志征服世界，不过现在看来，和平或许才是所有人类最渴望、最珍惜的事情，这远比"意志"更有益于全人类。墨子曰："天下兼相爱则治，交相恶则乱。"不可谓不公允。

第一章　黑云压城

第一节　措手不及的战争 …………………………2
第二节　蹂躏北欧 …………………………………6
第三节　防线溃败 …………………………………10
第四节　敦刻尔克大撤退 …………………………15

第二章　存亡之秋

第一节　绥靖政策 …………………………………22
第二节　战时首相丘吉尔 …………………………26
第三节　媾和阴谋 …………………………………30
第四节　战争筹备 …………………………………36
第五节　海狮计划 …………………………………43

第三章　大战在即

第一节　紧张备战 …………………………58
第二节　构筑防线 …………………………63
第三节　"弩炮"计划 ………………………68

第四章　背水"一战"

第一节　德国空军的发展 …………………72
第二节　"喷火"式战斗机 …………………82
第三节　"看不见的堡垒" …………………85
第四节　局势暂缓 …………………………88
第五节　激战蓝天 …………………………94
第六节　空中的较量 ………………………98

第五章　计划受阻

第一节　"鹰日"计划 ………………………106
第二节　戈林的误判 ………………………111

第三节　黑色周四 ·············· 121
第四节　高超技巧的空战 ·············· 126
第五节　轰炸利物浦 ·············· 130
第六节　空中鏖战 ·············· 132

第六章　伦敦之灾

第一节　意外的战端 ·············· 138
第二节　报复柏林 ·············· 142
第三节　皇家空军胜利 ·············· 149

第七章　决战大不列颠

第一节　危机及转机 ·············· 154
第二节　德军空军的失利 ·············· 159
第三节　"血凝气绝"的考文垂 ·············· 162
第四节　"超级机密" ·············· 165
第五节　伦敦之难 ·············· 171
第六节　高科技战争 ·············· 176

不列颠空战

·第一章·
黑云压城

第一节

措手不及的战争

20世纪是一个不安分的世纪。世界殖民地已经被帝国主义国家瓜分殆尽，没有分到一杯羹的国家自然对现行的世界格局表示严重不满。为了重新配置世界资源、瓜分殖民地以及争夺全球利益，国家与国家之间展开了激烈的战争。1914—1917年第一次世界范围的大战爆发，在诸多大小战役中，无数士兵和平民死于战火。"一战"参加人数为6500万人，有将近1000万人丧生，更有伤者2000万人左右。战争把人们和平安宁的生活毁于一旦，参战国经济大幅倒退，战败国遭到严厉的惩罚。"一战"结束后，参战各国召开著名的巴黎和会，英法等国领导人们组织签订了《凡尔赛条约》（又称《协约国和参战各国对德合约》），主要的目的就在于削弱和控制德国。世界建立起凡尔赛-华盛顿体系，维持了20年的风平浪静。

不过正如法国司令福煕脱口而出的预言："这不是和平，这是二十年的休战。"德国人压抑着满腔怒火，受着协约国的制约。众多德国人的心里都埋下了战争的种子，期望有一天能够重新在战场上与各国家一决胜负。在沉闷了20年后，德国人终于等到了这个机会。这个机会是由一个神情阴郁、性格古怪的人提供给他们的，此人名为希特勒。在未来的很长时间里，希特勒作为纳粹党魁，点燃了毁灭性的第二次世界大战。

希特勒是一个矛盾、固执和疯狂的恶魔。他一开始的梦想是当画家，可由于时运不济，很快落入困顿。他坚信是犹太人抢了日耳曼民族的工作和劳动血汗，在闪击波兰之后，对犹太人进行了丧心病狂的屠杀。很多人

签订《凡尔赛和约》

说他的极端民族主义倾向形成时期是在后期，事实上早在他十六岁时，就已经形成了狂热的日耳曼民族主义崇拜。在这个时期他对奥匈帝国哈布斯堡王朝境内的其他民族显现出强烈的憎恨，并通过阅读书籍，培养了对政治的兴趣。第一次世界大战爆发之际，希特勒主动参加了德国巴伐利亚预备步兵团第16团，在战场上，他获得一枚"一级铁十字勋章"和一枚"二级铁十字勋章"。1918年10月14日，他在战役中遭到芥子毒气弹的攻击而暂时失明，等他复原的时候，德国已经向协约国投降了。长期的孤僻生活和战败后的阴郁氛围让这个年轻人闷闷不乐。他加入德国工人党，并在1923年11月8日晚发动"啤酒馆暴动"，但最终失败。1929年10月，他准确地抓住一场世界经济危机给他带来的机会，依靠通过党卫队对反对者的谋杀，建立了恐怖的独裁专制统治。1935年春，德军公开违反《凡尔赛和约》，私自扩充军队，将原来10万人的军队扩充至30万人。这种行为受到了西方诸国的反对，但由于各有打算，他们对德国纷纷采取了绥靖政策。希特勒认为这些人都是纸老虎，对于不紧急的事实，他们是漠不关心的。而后，希特勒就愈发猖狂。他于1936年3月7日宣布废除《洛迦诺公约》，派出军队镇守莱茵河非军事区，并且建筑防御工事。希特勒心里明白这样做无疑是冒险的，但是英法两国的姑息让希特勒壮了胆子。他见英法均未采取实际行动，便于是开始部署他的下一步计划：对外扩张。

他首先以反对德国共产党的名义与日本缔结了协约，协约签订后第二年，意大利也加入了此项协定。德、意、日三国就这样被共同的贪婪目的联合在一起，组成了法西斯同盟。他们狂妄地以为自己就是世界的三个轴心，于是也称"轴心国"。希特勒在此协约完成时，自信已经摆脱了政治局面上的被动，于是便开始推行他的侵略扩张计划。首先他重新把国内经济巩固，之后不久便占领了捷克斯洛伐克。英法两国软弱退让，纵容希特勒的狂妄行径，还和纳粹德国签订了臭名昭著的《慕尼黑协定》，帮助德国完成了瓜分苏台德地区的阴谋。从此，希特勒对英法不作为的行径有了更深的体会理解，接连玩弄英法高层决策者。

1939年4月3日，希特勒把新的侵略目标定放为在了波兰身上。为了防止两线作战陷入被动局面，希特勒暂时与斯大林交好，签订了《苏德互不侵犯条约》。这一条约彻底打消了希特勒的顾虑。终于，他不再掩饰自己的魔鬼野心家面目，在9月1日展开了闪击波兰的行动。进攻波兰之前，

轰炸波兰

戈培尔作了详细的舆论部署，整个德国都看到了"当心波兰""波兰人挑衅说要轰炸但泽"等消息，民族情绪被巧妙地煽动起来。波兰陷入了前所未有的危险境地，而他们还不自知。1939年8月1日中午，希特勒正式制订了入侵波兰的"白色方案"，用一场精心导演的军事骗局塑造了德国对波兰"保卫战"的正义形象。希特勒在不久后毫无愧疚地对德国国民发表演讲，称自己已经给过波兰机会，但是波兰政府依旧一意孤行，对德军主动进攻。他用这样低劣的谎话欺骗了德国人民。

在之后的一个月时间里，德军派出重型轰炸机对波兰进行"清洗"；用坦克推倒波兰国土上的树木，让军队无处可藏。铺天盖地的炮弹使得波兰军队丝毫没有还手之力，尽管他们一边游击一边顽强抗争，但是终究敌不过德国。10月2日，格林尼亚举起了波兰国土上最后一面降旗，他们遗憾地成为第二次世界大战历史上首个亡国的国家。波兰战败，这不仅对波兰本国是一个噩耗，对整个欧洲都是一个令人忧心忡忡的消息。希特勒的表演再次取得了成功，只一个月时间，就把拥有3000多万人口的波兰占据。

英法方面，张伯伦、达拉第对忽然接到的波兰战败的消息感到吃惊，但是他们依旧不打算采取任何行动。碍于世界舆论狂潮，他们仅仅口头上对德国宣战，却一直按兵不动。事实上，早在9月2日，英法两国就对德国侵略波兰一事发出通牒。不过德国大使里宾特洛甫却傲慢地、毫不讲理地回复英法两国，称他们才应该承担波兰战争发动的全部责任。但是面对这样傲慢无礼的答复，张伯伦还是不能看清希特勒的嘴脸。宣而不战，只是隔靴搔痒。1963年美国总统威尔逊也总结说，如果当初英法两国齐心协力来抵抗希特勒的侵略，法西斯也不会那么容易得逞，或许就可以避免波兰的战败。历史往复，妥协最终只能让恶人得寸进尺，英法两国在后来也为多年来的绥靖政策付出了惨重的代价。

第二节

蹂躏北欧

1939年12月,运送资源的海道上已经结成了厚厚的冰,希特勒经过周密盘算以后,决定向中立国挪威发动进攻。发动进攻的原因不只是为了资源能够通过挪威及时输送到战争前线,更是一种高明的战略上的布局。首先,挪威有丰富的重水资源,而重水是制造原子弹不可或缺的材料。它被用于核反应堆当中的"减速剂",控制核裂变的过程,同时它也是冷却剂。它是从含有特殊矿物质的普通水中提炼而成的,当时世界上能够提炼重水的工厂仅有挪威的诺尔斯克电气化工厂。1940年德国进行了核分裂的研究试验,向挪威的诺尔斯克电气化工厂订购重水,该厂重水的年产量由300磅增至1万磅。德军占领挪威后,希特勒命令这家工厂大量生产重水,用船运往德国,从而加速了原子裂变的试验进程。

其次,这样也可以保护其铁砂资源能够安全运输到德国本土。德国本土的铁砂资源较少,很大程度上依赖于外国进口。天气暖和的时候,铁砂尚可经过正常的海上路线运往德国,但是随着天气转凉,海道上结了厚厚的一层冰,这样就无法保证资源原路运输的通畅。原本瑞典的铁砂资源可以直接运送到德国,现在必须通过挪威港口纳尔维克,由挪威海岸运往德国。希特勒害怕英国人在挪威海域布设鱼雷,于是听取了雷纳尔的计划,对挪威萌生了进攻之意。这样一来,不仅能够钳制英国皇家海军,更能够防止英国援助苏联,一举多得。实际上精明的丘吉尔早就预料到希特勒的图谋,但是当丘吉尔把布设鱼雷的计划提交给张伯伦和哈里法克时,他们不愿意侵犯挪威的中立,将这个意见搁置了起来。希特勒看准了这个机会,于是便紧急急忙策划了对挪威的军事行动。

这个行动的开展还有赖于一个人的帮助,他的名字叫维德孔·吉斯林。他曾以第一名的成绩毕业于挪威军事学院,并在20岁就被分配到彼得格勒当陆军军官。他在任职期间,对英国和苏联都表示亲近,能兼顾双方利益,为此英国还颁发给他大英帝国勋章。他目睹了布尔什维克在苏联取得的胜利,于是对共产党表示极其倾心。回到奥斯陆之时,他申请为工党效劳。他甚至狂热地想要发起组织"赤卫队"的计划,不过由于上级组织对他并不信任,这件事情就不了了之。受到挫折之后,他迅速转向另一个阵营,在任职国防大臣后,他便开始倾向纳粹党,模仿纳粹党的理论和纲领建立了自己的政党。但挪威民众并不太欢迎纳粹党,他在国内的地位也因此变得十分尴尬。于是他索性投向纳粹德国,以挽救自己的政治生涯。

维德孔·吉斯林

后来,他和纳粹德国运动的官方哲学家罗森堡获得了联系。罗森堡在12月8日告诉希特勒"必须占领挪威",并且写了一份《关于挪威枢密顾问吉斯林》的备忘给雷德尔。在备忘里罗森堡强调了吉斯林的忠心和他实现"全国起义"的狂热念头。雷德尔和吉斯林见面之后,吉斯林对他说了很多绝密情报,雷德尔听得热血沸腾,被他的话打动了。

导致希特勒直接决定入侵挪威的原因是"阿尔特马克"号事件。"阿尔特马克"号是德军在北海等海域偷袭英国商船"斯佩伯爵"号的补给舰。同时,该舰上还关押着由"斯佩伯爵"号俘获的英国船员。1940年2

月12日,"阿尔特马克"号进入挪威近海,准备沿挪威海岸航行,返回汉堡。2月16日,"阿尔特马克"号行迹被英军飞机发现,随即英军舰艇对其进行了拦截。英军海军上校菲利普·维安乘"哥萨克人"号在耶辛峡湾强登敌舰,救出了藏在"阿尔特马克"号上的299名英国战俘,并打死打伤了十余名德国人。

一个国家在另一个国家向第三国发生军事冲突,这是一个非常严重的国际事件,并且而且这两国还是交战国。但是挪威只是给出了一个不痛不痒的抗议。丘吉尔据此认为挪威软弱可欺,下令英国海军开始在挪威海域布雷,威胁德国铁矿运输线;而希特勒据此认为挪威倒向了英国,于是策划了"威塞演习",同时下令要求务必防止丹麦和挪威国王出逃。

对待德国的侵略,丹麦和挪威两国采取了两种截然不同的方式。挪威王室坚决抵抗到底,而丹麦政府却没有等德国耗费军力就举手投降了。到1940年4月9日中午,挪威首都奥斯陆被攻陷,德军大张旗鼓地开进,炫耀军威。吉斯林闯进广播站,宣布自己为新的统治者,并且通知所有挪威人放弃对德军的抵抗。挪威人民非常不满这个厚颜无耻的卖国贼充当他们的新统治者,他们团结在一起转入地下继续战斗。

希特勒想尽量少地花费武力来征服挪威,于是派遣使者软硬兼施,可挪威国王坚决不同意投降,他尽自己所能召集了300万人,势单力薄地对抗强大的德国军队。希特勒看见劝降无用,恼羞成怒地发誓要血洗挪威。4月11日,德国对国王藏身之处进行了袭击,不过却并未伤及王室和政府官员。之后,国王一路带领失散的军队边跑边打,坚持两个月后,由于实力悬殊实在是太大,才最终失败。但德军也为此付出了惨重的代价。征服挪威后,希特勒心中的权力欲更加膨胀。同年5月,希特勒把目标瞄准了比利时、荷兰等低地国家。如果征服了它们,那么就可以顺利绕过法军马其诺防线,从而在铁墙的防御下打开缺口。

希特勒的手下布劳希奇和哈尔德提交了关于进攻比利时和法国北部的"黄色方案",意在通过此行动威胁英法联军。德军A集团军参谋长曼施坦因对这项方案颇有微词,他认为这次方案不过是对于"一战"时候"施利芬计划"的抄袭，老调重弹。"黄色计划"主要以切割英法联军为主要目的，但是这与实际战况相差甚远。曼施坦因认为接下来应该以消灭英法军的主力为目标，对法国施行毁灭性打击。于是他修改了"黄色方案"，主张通过阿登山地的突袭，来歼灭英法联军主力部队。也因为这项提议，他开始在战争中开始崭露头角。

无独有偶，1940年1月10日，一架德国飞机载着德军关于"黄色计划"的绝密文件被迫降落比利时。飞行员被盟军俘虏，"黄色计划"也落入盟军手中。希特勒得知这个消息后，果断采纳了曼施坦因的方案，打算从阿登山脉发动进攻。他详细制定了具体步骤，并将这项计划命名为"镰割"。

5月10日清晨，德军直捣荷兰、比利时。"斯图卡"轰炸机盘旋在西欧上空。仅仅五天，荷兰的温克尔曼将军就签署了投降书。接下来，比利时国王利奥波德三世也被迫向德国投降。战争的阴云彻底笼罩在欧洲大陆的上空。

第三节

防线溃败

1930年之后的5年，法军的兵役人员严重短缺，因为"一战"时受到的冲击，法国上下都希望能在有限的条件下固守一隅，消极抵抗的思想极为盛行。在这种思想的指导下，法国政府下令大规模兴建防御工事，并对依赖重型武器保护的法军进行重新部署。

德国方面加紧备战的消息传到了法国后，法国军民更加强烈呼吁增强边境的防御力量。1929年12月，马其诺担任法国的陆军部长，他在法国东北边境修建堡垒的建议得到国会的批准。从此，这条以马其诺的名字命名的钢铁水泥防线得以建立，并于1936年基本竣工。其后，由于莱茵兰地区被德国被吞并，法国不得不对马其诺防线加固，一直持续到1940年5月德军攻打法国才最终结束。

马其顿防线的筑垒

马其诺防线可谓法国人心目中的"铜墙铁壁"，它宛如一条巨龙从隆吉永绵延至贝尔福。它纵横穿越，锁链般连接了梅斯堡垒地域、萨尔地域、劳特尔堡垒地域、下莱茵堡垒地域和贝尔福堡垒地域，是理论上几乎不可能被攻破的保卫区。防线沟壑险峻，有纵深4—14千米的保障地带和纵深6—8千米的主要防御地带。

整个防线最坚固的地段是梅斯和劳特尔，这两个重要的地区修建了地面和地下双重的环形防御工事。地下部分分为几层，地上由坚固装甲和钢筋混凝土、火炮工事组成。

地下部分，设有专门的休息室、储藏室、救护站、弹药仓、电站等。工事和工事之间，也有便利的轨道可以连接，甚至电车都可以开到里面来。射击工事则由专家精心设计，弹药储备充足。

除此之外，马其诺还有大量的反坦克的战壕、断崖、钢筋和混凝土桩。防线上随处可见的木桩铁丝网，在很多的地段，还专门设有通电的铁丝网。

防线内有先进的通风过滤设备，以保证不受毒气的威胁。炮手作战也十分安全，他们并不直接对目标发动攻击，而是通过地面观察员观察后电话通知炮手做好攻击准备。一旦发现有敌军进攻时，站岗在工事各重要观察哨所的士兵可以用潜望镜观察敌军的情况，并向工事内部的炮兵指挥部报告。指挥部则将敌情位置加以分析，随后通过一套机械传输系统将数据传达到炮塔指挥所，再由指挥所根据指挥部的指令调整火炮角度，向敌人实施准确打击。

假如战争需要狙击步兵，法军可以很快地将坦克炮收回，然后，一挺机枪就会从炮口探出。而且，马其诺防线的许多机枪都有升降的凸轮，使得机枪扫射的范围可以覆盖面更加广阔。即便是大量敌军越过了这座堡垒，只要指挥室那边的电钮一按，就可以引爆整个地下工事，以此消灭敌人。退一万步讲，就算敌人比想象中的更加顽强，法军也可以从防线特设的秘密出口紧急撤离。由此可见，法国耗费一半国防军费修建的这个巨大工事，设计非常周密，防御力极强。

事实证明，马其诺防线在很多方面的确是难以攻克的存在。有法军军官回忆说，德军靠近马其诺防线的时候就像兔子一样到处乱窜，在大型的火力范围和射击范围网下，只要任何车辆和士兵靠近它，都会瞬间沦为齑粉。

马其诺防线穿过法国和比利时边界的阿登大森林南部。法国总参谋部认为：阿登森林和莱茵河是一样安全的，不需要存在什么顾虑。1934年，一部分国防部的高级军官视察此处时，甚至说："阿登森林是不可穿越的天然屏障，不存在任何危险。"因此，介于英吉利海峡和比利时之间的这段防线，法国人并没有认真地修筑。法军判断比利时是一个天然的缓冲区，能够为法国赢得近乎八天的时间来组织防御，但是他们想错了。

当时被西方人认为是"世界第一流职业军人"的法国总司令甘末林拟定了一项击溃德军的绝密计划。他认为，法国边境修筑一条钢铁长城，配合现代的火力网，可以让敌人无论多大阵仗都将有来无回。他说："我们必须静待敌人进攻，并在堡垒和壕堑构成的无法突破的延伸战线前遏制住敌人……我们唯一的战略，就是采取守势坐待德国的消耗。"

按照甘末林的理论，法国为了防范德军而在东北部设立的碉堡群，可以用地下坑道连接起来。不过，法军一些有识之士却对此提出质疑，他们讲："马其诺防线在法德边界只修了150多千米，终点是隆吉永。然而从隆吉永到比利时边界的地带却没有修，长度快跟马其诺防线一样了。难道德军不会绕过马其诺防线，沿着这个地带进攻吗？"但现实是比利时人并不同意在本国境内修筑这条防线。他们不想得罪军事力量强大的德国，始终保持中立的立场。而且即便可以沿着这条线路一直修下去，法国方面在时间和财务预算上也是远远不够的了。

针对这一情况，法军拟定了新的计划：一旦有战争爆发，盟军将到达比利时和法国边界的地带，和比利时20万军队会合，构建庞大的防御体系，守住马斯河地区。

无可置疑，在现代的战争中，静坐战有着很大的权重比例，巨大的防御优势可以给德国致命的打击。不过，传统理论毕竟固化保守，甘末林没有预料到的是，德军会绕开漫长的马其诺防线，通过阿登山脉，自马其诺防线的左边出现，然后成功突破达拉第防线，攻占了法国北部，现身在马其诺的大后方。这项劳民伤财的建筑工程很快失去意

越过阿登山区的德军装甲部队

义，变成军事博物馆供人唏嘘感叹。甘末林本人也因这件事饱受世界舆论的诟病——他的消极策略，以及他对绥靖政策的支持，都无可避免地让自己成为法国战败的主要责任人。

甘末林一直认为阿登山脉天然险峻，无法通过现代化的军队，于是仅在阿登山脉布置了16个师，只有几十架飞机可以提供空中支援。德国瞄准了法国的这项重大的决策失误，纠集13个坦克师、700多架飞机于1940年5月10日在西线发起全面的进攻。到5月12日傍晚，法国重要的防御要塞就落入德军手中。5月13日，德军强渡马斯河，法国防线全面崩溃。

15日清晨，法国总理雷诺给英国首相丘吉尔打电话，语气十分沉重："我们被打败了，我们这一仗打输了。"丘吉尔紧急飞往法国巴黎与法国政府商讨对策，不过法军此时已对抗乏力。16日，丘吉尔问甘末林："你们的预备呢？"他答："用光了。"实在令人咋舌，作为一个大国的军队总司令，甘末林并没有履行好自己的职责。他耗费了巨大的人力物力建造的防线，却完全没有用武之地。虽然他后来做了不少补救的措施，但已经毫无意义。号称欧洲第一的法国军队只坚持了50天就败下阵来，宣布投降。

1940年6月22日，是法国近代最耻辱的一天，德法停战协议在贡比涅森林一片空地上进行。德国故意做出这样的安排，意在羞辱法国人。因为"一战"末，德国战败，与法国及其盟军也是在贡比涅森林签订了停战协议。而现在，是时候让法国人也尝尝这个滋味了。根据停战协定的条款，德国将占领法国北半部以及法国的大西洋沿岸地区。法国军队将被解除武装并予以遣散。法国将支付德国占领军的费用，所有的德国政治难民将交还给德国。不仅如此，德国人还特地把福煦列车运到柏林当展品，希特勒的野心在西线得到了极大满足，但仍旧停不下扩张的欲望。接下来他便把矛头对准了大海彼岸的英国，企图用自己的鹰爪，钳制、教训这个辉煌了几个世纪的日不落帝国。

第四节

敦刻尔克大撤退

法国人民一直坚信马其诺防线的防御足以抵挡德军的进攻，但是他们没有想到的是，希特勒会直接绕过马其诺防线，反而从易守难攻的阿登山脉突袭。号称欧洲第一的法国陆军全面瘫痪，被围困的近40万英法联军于1940年5月20日撤到敦刻尔克。从这个小港口逃离，已然成了他们最后的希望。

早在于5月20日，古德里安的装甲部队就已经突破盟军的防线进抵海边的阿布维尔。此时英国海军部根据丘吉尔亲自下达的指令，为英国远征军的撤退做出必要的准备。5月24日比利时战线接近崩溃。南方的德国装甲兵部队已经开到了离敦刻尔克不远的阿运河。虽然说在德国包围圈的区域之内，地形复杂，装甲师不易行动，但是德军已经做好充足的准备，对英法联军予以彻底打击。不过意外的是，就在此时，眼看德军就要取得巨大的胜利，希特勒却突然下令，要求坦克部队停止追击，给了困境之中的英法联军一个逃生的机会。陆军各部帅表示不解，古德里安更是气急败坏："敦刻尔克已经胜利在望，我们却被命令停止前进！德国空军在进攻，我们却袖手旁观！我们要眼睁睁看着由各种大小船只组成的舰队把英国军队撤走。"当然，谁也不能揣测出此时的希特勒到底在想什么。

之后几天的时间里，丘吉尔和远征军司令戈特将军制订了代号为"发电机"的撤退行动。他们紧急调来所有能够找到的军舰和民用船只，为盟军的撤退效力。无数的船只响应政府的号召而来，大小驳船、商船、渔船,几乎都参加了此次行动。5月26日,希特勒终于发现了海面上颇有些不平静,他下令恢复对于英法联军的进攻,但是已经有些迟了。英国军队早就布置好了防御,阻击德军。26日晚,英国正式下达"发电机"行动的指令。德国派空军狂轰滥炸,将港口炸成废墟,防止盟军撤退。英国海军在这时遇到困难——由于军舰吃水太深,没有办法靠近靠海岸,所以只好减缓了撤退的进度。5月27日,由于德国空军追击猛烈,盟军只撤走7000多人。盟军不禁有了消极的情绪,再这样下去,肯定无法撤退全部军队。不过正当他们愁眉苦脸之际,上天却帮了他们一把。恶劣的大雾天气使得德国空军不能够进行空袭,在28日,盟军撤走了1.7万人。

  德军无法调用空军,只能用陆地部队对正在撤退的盟军进行包抄。盟军为了保证撤退的路线畅通,坚强地守卫东西两线。撤退的部队人和人紧贴在一起,一个接一个被拉到船上。英国海军抽调1艘巡洋舰、8艘驱逐舰以及26艘其他船只进行接应。为了不耽误救援时间,海军驾驶员拼了命地加速将军舰驶离海峡。船只吃水很深,甚至有倾覆的危险,但是此刻已经没有人在意了。他们在意的唯有能够多救一个人,就是一个人。等到29日,雾气已经消散,德军"斯图卡"轰炸机恢复袭击。英国空军的掩护已经乏力,"斯图卡"只用轰炸地面炮火和军舰炮火就可以摧毁英国的防御。不过此时的英法联军似乎已经找到了面对炮火轰炸的办法,他们待轰炸机掠过,只往地上一趴,柔软的沙地就能吸收炮弹的威力。德国强大的空军在对密密麻麻的陆军攻击之时有些力不从心,有时候炮弹还没有爆炸,就被沙子掩埋,变成了"哑炮"。英军很快地就学会了在炮弹的威胁下逃生的本领,采取了更多样的措施来保证撤离的速度。他们为了克服4—5米的潮位差,就把所有能找到的木板、木梁都用来做临时的跳板。到了紧急时刻,甚至把卡车沉入浅海,为盟军的撤离铺就了一条钢铁栈道。这一天,经过紧张的奋战,盟军转移了4.7万人。

  1940年5月30日,敦刻尔克的空气湿度非常之大,空中再次升起了雾气。这雾气像是英国人和法国人的保护伞,一直保卫着盟军的撤退。天空时不时飘来小雨,给海滩上逃亡的军队一丝清凉。地面的硝烟和雾气已经分

敦刻尔克奇迹

不清，能见度降到了最低。德军没有办法对英法联军进行空袭，只能眼巴巴地看着他们从眼皮子底下溜走。一贯大风大浪的英吉利海峡，此时似乎受到了上帝的保佑，变得风平浪静。盟军发动了大小船只趁这个时间大举撤退，撤退的人数达到5万多人，其中将近一半是法国人。

到了31日，撤退的步伐更加迅速。这时英吉利海峡上的风已经刮得很凶了，盟军的"钢铁栈桥"没有办法继续使用。英国人知道大风天气的危害，但他们恐怕海上的雾气会散去，撤退部队完全暴露在德军面前，所以丝毫不敢怠慢。果不其然，第二天清晨，雾气消散，天气放晴。德国人憋了满腔的怒火要和英国人清算，他们派出了9个轰炸机大队，丧心病狂地对正在撤退的盟军进行轰炸。英国方面也几乎派出了所有能派出的飞机跟德国空军较量。英国的战斗机盘旋在海峡的上空，时刻监控着空中的情况，他们为盟军的撤退提供了很好的掩护，也有效遏制住了德军的进攻。虽然英国空军的实力远不如德国，并且在多次与德军交手的时候损失惨重，但是盟军大无畏的精神还是让撤退获得了成功。从"发电机"计划开始的5月26日到6月4日德军攻克敦刻尔克，仅仅几天的时间里，盟军就转移了共33万人。这次行动无疑是第二次世界大战战争史中的奇迹。

希特勒的重大失误，给盟军保留了反击的力量。

其实，关于这次希特勒决策的失误，不少史家有独到自己的见解。他们认为希特勒的行为并不仅仅是愚蠢的偏见而已，应该还有更加深层次的判断。一个掌握着如此大权力的人会因为一些偏见从而停止了进攻吗？这次失败的决策到底应该由谁来承担相应的责任？根据丘吉尔的《第二次世界大战回忆录》说，这个命令并不是出自希特勒本人，而是出自一个叫伦斯德的人。他引用了伦斯德司令的战争日志，不过这些例证却相互矛盾，分不清孰真孰假。5月24日早晨，元首就和伦斯德司令有所接触，伦斯德建议装甲部队暂停行动，以等待步兵的接应。希特勒经过再三考虑同意了他的看法，并且认为这些装甲部队应该留在进攻法国南部时使用。

还有一种新的观点觉得希特勒当时所用的战争地图稍显老旧，在他的地图上，敦刻尔克是一个沼泽地，用装甲部队出击，只能是白白地牺牲。伦斯德在日记中写道："我们的由装甲部队和摩托化部队组成的左翼，由于元首的直接命令，都将因此完全停止下来！消灭包围中的敌军，要留给空军去干！"这间接地指出戈林很有可能也干预了这项活动，他总是不自量力地高估了自己的实力——这个脂粉气的军人是纳粹德国的一位政军领袖，与阿道夫·希特勒有着密切的关系。他曾利用自己的影响力担任上德国空军司令，并且帮助希特勒组建"盖世太保"，一度被指定为接班人。他不能够忍受这样一个唾手可得的功劳被陆军抢了去，于是拍胸脯保证剩下的盟军都由他的空军来解决。

希特勒受了戈林和伦斯德的怂恿，下令停止对于盟军的进攻，只用空军在地面上轰炸，清除荡清剩余的敌军势力。哈尔德在日记里愤怒地说："从最高统帅部发来的这些命令真是莫名其妙……坦克都像瘫痪似的停在那里不动。"后来，希特勒终于认识到这一决策的失误，不过为时过晚。据分析，希特勒主要是有两个方面的考虑：第一个考虑上文已述，是希特勒认为敦刻尔克的地形不适合装甲部队作战，无谓地前进只会消耗不必要的力量；第二个考虑涉及政治原因，是希特勒觉得英国人属于日耳曼族后代佛兰德斯人，强烈的日耳曼人崇拜让希特勒决心放英国人一马，不让他们输的那么难堪。同时这样也可以促使未来和谈的顺利，保障自己对苏联的东线作战。希特勒认为给法国人一个教训，会让英国人乖乖听话，这样一来，可以把德军的损失降到最低。

丘吉尔早看出了希特勒对于英国的野心，时刻不敢放松警惕。在1940年6月4日，他沉重地走向议会，发表了他那振聋发聩的、著名的演说："欧洲大片大片的土地和许多古老著名的国家虽

英国首相丘吉尔的战时演说

然已经陷入或可能陷入秘密警察和纳粹政体所有凶恶的统治工具的魔掌之中，但是我们决不气馁认输。我们将战斗到底，我们将在法国战斗，将在海洋上战斗，我们将以不断增长的信心和不断增长的力量在空中战斗。不论代价多么大，我们都将保卫我们的岛屿，我们将在海滩上战斗，我们将在登陆地点战斗，我们将在农田和街道上战斗，我们将在山中战斗。我们决不投降，即使这个岛屿，或者它的一大部分土地已被征服，或者挨冻受饿——我一点也不相信会发生这种情况——我们那个由英国舰队所武装和保卫的海外帝国，也将战斗下去，直到新世界在上帝认为适当的时机挺身而出，用它的全部力量把旧世界援救和解放出来为止。"

第二章

存亡之秋

不列颠空战

第一节

绥靖政策

"二战"的隐忧主要是源于"一战"时候受到的创伤，经济持续颓靡，日不落帝国不再辉煌，法国更是沦为二流国家。在西方世界，上至国家政府机关，下至妇孺百姓，都弥漫着一种反战的情绪。张伯伦说："完全没有必要使用武力，老实说，连谈论使用武力都不必谈，对这种谈论要加以强烈的反对。这种谈论不但不能有好处，而且肯定会有害。因为那样势必干扰外交活动的进行，势必助长不安全、不稳定的情绪。""一战"对于英法两国的影响不只限于经济和精神方面的摧残，也为英法两国埋下了深深的隐患。凡尔赛－华盛顿体系虽然短暂确立了世界的新秩序，但是由于德国人沦为二流国家并且受到经济危机的冲击，不满情绪日益见长。欧洲舆论甚至同情起德国来，觉得《凡尔赛和约》对德国的限制过于严苛，英美则采取了扶德抑法的政策。随着《洛迦诺公约》等对德国公然地示好，也就不难看出绥靖政策的端倪。

在英法两国实行绥靖政策的目的上，学界尚没有达成一致意见。大概分为两派，一派认为英法两国由于受消极反战情绪的影响，为尽量避免战争，不惜牺牲捷克斯洛伐克等国的利益，与德国媾和；另一派则认为绥靖政策是为了抵制共产主义红色旗帜而存在。在侵略的过程中德国也一直打着反共产主义的幌子行事，所以，英法两国有将"祸水东引"的念头。从这一点可以看出，英法两国对于新出现的布尔什维克红色政权非常警惕。

随着绥靖政策在20世纪30年代初的深入发展，逐渐形成了其完整的体系。张伯伦上台之后，绥靖政策达到历史的顶峰。各国在慕尼黑签署的协约严重损害了其他弱小国家的利益，被史学家称为"慕尼黑阴谋"。

1933年，一项以"全面解决裁军问题"的草案被英国首相麦克唐纳在国际裁军会议上提出，这就是著名的"麦克唐纳计划"。该计划在一定程度上保证了德国的利益，反而对法国的发展有所限制。计划提到在削减法国等国陆军的同时，默许德国发展同法国相当的军备，这就实际上对德国军备的发展起到了推波助澜的作用。但后来德国不满其他国家没有裁军而退出了会议。10月19日，德国退出国际联盟，英国调整大国之间关系的外交手段失效，凡尔赛－华盛顿体系也逐渐式微。

德国自退出了国际联盟以后，就积极发展军备，扩大军事力量，以至于后来德国公开宣称不再承认《凡尔赛条约》的限制。英国在这一点上同情德国的境遇，对德国采取了姑息的态度。1935年3月，英国外交大臣约翰·西蒙访问德国，这表明英国已经接受了德国扩充军备的事实。他们所要做的，只不过是限制德国，不让德国发展过快罢了。两国很快签订了《英德海军协定》，旨在为德国海军的发展明确一个具体的界限，但是这个界限却并没有奏效。英德两国的一纸条约与其说是军事上的制裁，不如说是英国人自己的安慰剂。条约所规定的界限是十分宽松的，英国的行为不仅没有起到丝毫的正面作用，反而因为在外交上绕开了法国，引起了法国人的不满。

众所周知，法国和德国之间有着很深的芥蒂，无论是普法战争还是"一战"，法国一直对德国保持较高的警惕。英国由于地处偏远，没有感受到希特勒的威胁，对这个第三帝国的元首还抱有些许的幻想。这就导致了英法两国对待德国的态度截然不同。在"二战"还没有开始的时候，法国人就着手修建一条绵长的马其诺防线。出于对德国军国主义深层次的担忧，法国还通过一系列的外交手段来保护自己的利益。1934年，法国总理在施特莱莎主持了一场反德会议。遗憾的是会议之后，与会国家没有一个采取实际行动遏制德国的军事扩张。而后，德国、意大利对西班牙的内战进行干预，英法两国不闻不问，在绥靖政策的路上愈走愈远。

到 1937 年张伯伦出任英国首相，世界的局势已经变得十分不堪。乌云笼罩在欧洲的大地上，轴心国的野心已经是路人皆知。日本侵华战争，意大利对于地中海国家的侵略，德国也把鹰爪对向了捷克斯洛伐克。此时英国国内一片消极情绪，反战思潮依旧主宰着大多数人的思想。张伯伦上台后，自信对"整个欧洲局势，甚至对整个世界了如指掌"，他主张对德国实行绥靖政策，以保证英国在世界上的霸权地位。

张伯伦出身名门，父亲约瑟夫曾担任伯明翰市市长和内阁殖民地大臣，幼时丧母，导致他的性格变得内向。毕业以后，他为伯明翰金属制造业工作，有了一些名气。1911 年，被选为伯明翰市议会议员，并担任市政计划委员会主席，开始走向政界。1937 年 5 月 28 日正式被任命为英国首相。事实上张伯伦并不像很多人直觉认为的，是一个保守主义者。他从来不用保守主义这个词形容自己，很多事甚至都采取的是激进态度。他是英国罕见的不信奉英国国教的首相。虽然他领导一个各党派共存的联合型的政府，却在任命官员的时候从来不着重强调各党派之间的平衡，总是按照自己的喜好选择。一些看法与他相左的人很难被提拔，符合自己观点的，即使是没有任何从政经验，都会直接晋升。

他领导的政府进行过很多重大的政治制度的改革，其中有对审判体系的改革，废除鞭刑，延长义务教育至 15 岁，建立家庭补贴及医疗保险等。这些政策都因为"二战"的爆发而没有实行，否则也可以算作张伯伦值得人尊重的政绩。张伯伦后来之所以遭到举国的唾骂，都是因为绥靖政策的推行。虽然张伯伦并不是存心妥协，只是碍于形势的无奈之举，但是绥靖政策毕竟导致英国人民陷入

张伯伦

危险之中。张伯伦是个固执的人，不顾丘吉尔的反对，坚持和德国达成协议，这本身就是助纣为虐的肮脏交易。

《慕尼黑协定》的签订，是张伯伦一生最大的污点。在德国吞并奥地利，进而捏造出"苏台德危机"后，他对德国的卑鄙行径依然保持沉默，这是一个无法弥补的错误。捷克斯洛伐克作为弱小国家只能指望英法两国采取行动，但是英法出卖了捷克斯洛伐克，将苏台德地区割让给德国。1937年9月29日，张伯伦拿着他的公文包飞向德国，参加四国首脑会议，商讨对捷克斯洛伐克的肢解。30日，四国领导人正式签订《慕尼黑协定》。这让希特勒大松一口气，他已经彻底看透了英法两国的软弱无能，知道再也没有人能够限制自己的行动。德国从此项协定中重新确立了自己军事大国的地位，获得了巨大的政治和经济资源。英法两国却依旧沉浸在世界和平的迷梦中，对于自己亲手放出的恶魔没有提高警觉。张伯伦回到英国以后，却挥了挥手上的协定说："我带来了整整一代人的和平！"其懦弱无能之态显露无遗。

1939年3月，德军占领捷克斯洛伐克全境，9月，闪击波兰，正式拉开了"二战"的帷幕。绥靖政策最终宣告破产。

第二节

战时首相丘吉尔

在20世纪享誉世界的人像摄影大师优素福·卡什的相机下,丘吉尔拄着手杖,神情刚毅,威风凛凛。这就是大家熟知的温斯顿·丘吉尔的形象。但这个形象却不够完善,不足以形容这位才华横溢的人。事实上,作为政治家的丘吉尔只是我们看到的冰山一角,他的身份横跨多个领域,包括画家、政治家、作家、记者、演说家、历史学家等。一生可谓纵横捭阖,跌宕传奇,在历史的长河中留下了浓墨重彩的一笔。

丘吉尔全名温斯顿·伦纳德·斯宾塞·丘吉尔,生于1874年11月30日,卒于1965年1月24日,是20世纪最重要的政治领袖之一。他出身名门,家世显赫,先祖约翰·丘吉尔由于战功卓著,被封为马尔巴罗公爵,是当时英国权倾一时的人物;丘吉尔的父亲伦道夫·丘吉尔担任过英国财政大臣,地位仅次于首相。因此,很多人都认为丘吉尔应该名列前茅、学业有成。但是事实却并非如此。丘吉尔非但不是一个品学兼优的学生,反倒是一个令所有人都头痛的

卡什相机下的丘吉尔

桀骜少年。对于喜欢的功课，他一堂课也不落下，对于不感兴趣的功课，他甚至理都不理。每次教师教他学习数学的时候，还没有等把课本翻开，他就已经不见了踪影。虽然少年时候他特立独行、行为乖张，却也是一个有同情心、善良、勤劳，关心底层人民的人。这对丘吉尔日后的成长和发展起到了巨大的积极作用。

当丘吉尔不得不面对他非常讨厌的学校时，还是无可奈何地接受了现实。在圣詹姆斯预备学校，他受了无数次的体罚。13岁那年，哈罗公学的校长威尔登因为给他父亲面子，才让他勉强进入学校。在学校学习的过程中，丘吉尔学习成绩糟糕，让老师们头痛不已。那时，所有的人都对丘吉尔不再抱有任何的信心，只有他的祖父还算开明，说他的才华只是没有地方显现而已。在学校期间，除了酷爱写作、历史知识丰富、体育成绩不错以外，丘吉尔的其他学习科目都不值一提。

丘吉尔18岁时才从哈罗公学毕业。鉴于丘吉尔非常热爱军事，他的父亲建议他报考桑赫斯特皇家军事学院。为了能够考上心仪的学校，丘吉尔在那段时间才开始发奋读书，尽自己全部努力来弥补自己的不足。他一共考了3次才勉强进入骑兵学科，求学之路十分坎坷。不过在进入军校后，丘吉尔的才华终于得到了淋漓尽致的展现。他毫不倦怠地参加军事训练，学习有关国际军事的知识，终于甩掉了之前差等生的称号，名列全校第8名。正当丘吉尔学业有成，准备大展拳脚的时候，丘吉尔的父亲、外祖母、保姆相继离世，给这个家带来了不小的打击。不过丘吉尔在这段时间里不仅没有被丧父之痛所打倒，反而自此变得成熟、坚强、独立，真正对自己的人生负起责任来。

从军校毕业之后，丘吉尔开始思考自己的未来。由于他一直认为驰骋疆场是一种无上的荣耀，所以他很渴望能真正走上战场。但是随着时间的推移，丘吉尔变得更加智慧。他认为这样简单地在疆场上拼杀的作用实在是微乎其微，所以他决定弃军从政，在政坛上发挥自己的才华。1900年10月，丘吉尔成功当选奥德姆选区保守党议员，他父亲的事业终于有了人来继承。丘吉尔从刚进入政界开始，就不甘于平庸。不同于以往的政治家，他真正热心地解决祖国所存在的问题，一心为英国谋求发展。仅仅4天，他就完成了他在议会的第一次演说。

他非常不满意保守党对南非的主战政策，并且为自由党人说话，赢得了自由党人的掌声。也因为如此，保守党人对这个初生牛犊不怕虎的年轻人愈发不满。因为在很多问题上丘吉尔都和保守党大唱反调，最后的分道扬镳自然不可避免。丘吉尔在1905年1月退出了保守党，同年5月，加入自由党，是著名的"叛党人士"。但是后来由于自由党重新组阁，丘吉尔不再对自由党有任何的好感，就又打起了转党的念头。1924年11月7日，丘吉尔重新加入保守党，成为保守党的财政大臣，这不禁让人咋舌。虽然丘吉尔非常任性，从来不顾忌传统的道德束缚及陈词滥调，但是他本人的才华却不容否认。无论是在自由党，还是在保守党，他都干得有声有色，并且受到重用，这是一般人难以做到的。

1910年，丘吉尔转任内政大臣。这一时期，由于他采取强制措施镇压工人运动，在英国人民的口碑中，丘吉尔的威信大大降低。一直到1911年丘吉尔担任海军大臣时，这种情况才有所缓解。丘吉尔非常胜任海军大臣的职务，不仅提高了海军的军饷，而且大大改进了海军的技术，全面提升了海军的战斗力水平。

丘吉尔高瞻远瞩，他早就看出了战争的端倪，因此主张大力扩充军备，使英国海军在"一战"的时候就发挥了重要的作用。虽然后来因为一系列的原因，他被罢免了海军大臣的职务，但在这一点上依然功不可没。

新出任英国首相的劳合·乔治与丘吉尔私交不错，因此在20个月后重新启用丘吉尔为军需大臣。两年多赋闲让他有充足的时间来反思自己，总结经验教训。他密切关注国际动向，研究世界形势。直到绥靖政策宣告破产，他终于有了大放光彩的机会。

在很早之前，丘吉尔就判断绥靖政策必将走向失败，不过他的论断没有得到足够的支持。直到希特勒终于暴露出他的邪恶嘴脸，英国人民才恍然大悟。1940年5月10日，丘吉尔正式成为英国战时首相，来挽救绥靖政策所造成的败局。此时国内国外的局势一片狼藉，留给丘吉尔的是一个巨大的历史包袱和沉重的民生负担。但是丘吉尔还是勇敢地把这个责任揽到了自己的身上。他以最快的速度重新组阁，并且对张伯伦绥靖政策的失误不予以追究，实现了党内的团结。5月13日，他在下院发表了著名的、感人肺腑的演说，获得了议员的全体支持。

  上台后，他力挽狂澜，显示了一个伟大的领袖应该有的政治魄力和刚毅不屈的精神。英国的士气被重新带动了起来，举国上下团结一致。在1940年5月至6月，丘吉尔亲自指挥33万盟军从敦刻尔克海滩撤退，成就了"二战"历史上一个辉煌的奇迹。在国际政治局面上，他联合各个反法西斯国家，争取一切可以动用的资源，组建了强大的反法西斯同盟。同时，他与苏联达成默契，抛弃之前的恩怨，共同抗敌。在后来美、苏、英三国首脑的会议中，他与各国领导形成共识，签订了《大西洋宪章》，争取到了美国参战，自此"二战"的被动局面彻底被打破，意大利、德国、日本先后投降，"二战"以盟军的胜利告终。

第三节

媾和阴谋

5月20日，也就是在德国人进攻西线的10天之后，约德尔对于元首希特勒的状况做了以下记述，他"正在草拟合约……英国在把殖民地归还德国以后，随时都可以单独媾和"。之后的几周，希特勒几乎铁了心地认为，法国的惨败，会让英国人吓得屁滚尿流。按照他的观点，法国和挪威已经受到了惨痛的教训。他对英国提出的条件，已经十分宽大了。希特勒认为，这样做英国人就会对他在大陆的行动保持缄默。就这样，一直到法国被打败，他都没有做出任何进攻英国的准备。

德军参谋本部的行事风格一向以严谨著称，就算那些还没有发生的事情，参谋本部依然会制定出周密详细的方案，绝不容许任何差错。但是这一次的情况似乎与之前有所不同。德国政府对英国显示出一种"宽大"的雅量。参谋总长哈尔德坚持认为，就对德国的威胁而言，苏联显然远远大于英国。且在看到法国、波兰、挪威等国被德国袭击的惨状后，英国更加不会贸然对德作战。德国人认为，英国宣战非但不能拯救英国，反而会使英国本土陷入更加危险的境地。但是后来的状况让希特勒大吃一惊。英国首相丘吉尔在存亡之秋依旧选择坚持抵抗到底，并且公开发表了"英国不放弃作战"的宣言表明立场。敦刻尔克大撤退之后，丘吉尔又在下院发表了著名的抗战演讲。希特勒有理由相信丘吉尔只是在用一种鼓励性的语言安抚民众。果然，6月28日希特勒收到教皇发来的一封密电，密电的主要内容是丘吉尔愿意为"公平而体面的和平"坐下来与柏林谈判，为了达成谈判目的，丘吉尔还拉上瑞典国王作调停方。

希特勒与赫斯特报纸记者卡尔·冯·维冈的谈话被发表在《美国人报》上，很显然希特勒的意图在于想让世界知道他希望同英国谈判。时间过去两周，托姆森联合外交部，加印十万份报纸来扩大这篇报道的宣传力度。电台评论员富尔顿·刘易斯向希特勒建议，如果元首说服美国总统罗斯福，联合他们一起劝降英国，再经过一系列的报纸、广播等媒体的宣传，一定会将这件事情的传播效果最大化。

刘易斯的建议听起来还不错，不过并没有得到希特勒的同意。尽管外交部曾经询问过刘易斯在美国的资源背景，但是这项建议依旧被废止。托姆森解释说，与其他一些有名的评论员来比，刘易斯显然在政治上没什么特殊地位。

丘吉尔很清楚，瑞典国王跟教皇发来的求和请求只不过是希特勒为难英国的一种手段。所以他非常严肃地告诉洛安提勋爵："绝对不能给德国代办以任何的答复。"而且在告诫洛安提勋爵之前，丘吉尔也是这么做的。他以一封强硬的回信回复了瑞典国王关于和平解决问题的请求。同时丘吉尔要求"德国必须用事实而不是用空话做出确实的保证。它必须保证恢复捷克斯洛伐克、波兰、挪威、丹麦、荷兰、比利时，特别是法国的自由、独立的生活"。

丘吉尔坚信，崇尚自由的英国人不会为了所谓和平的梦想而背叛自己的国家，绝不会对德国奴颜婢膝。但是事件的另一方——德国并没有认识到英国人的抵抗意识正逐渐萌芽。甚至在那一年，德国的每一个角落：威廉街上、班德勒街道上，所有的德国人都坚信战争已经是过去式了。

希特勒等待得异常焦急，从6月开始一直等到7月初。他坚信伦敦一定会发来英国政府投降的消息。但是事情的发展并不如他所料。直到7月2日，希特勒失去耐心，犹豫地发出了第一道继续对英作战的指令。其内容是："统帅已经决定，如果能够取得对英的空中优势，再加以其他必要条件，那么登陆英国是有可能的。一切准备工作必须立即开始。"虽然这道命令已经下达，但是希特勒似乎对这项计划并没有显示出过多的热情。因为在他的意识里，一直认为此次行动是完全没必要的。

血色长空 · 不列颠空战

希特勒与下属讨论作战计划

德国军事高层尚未做出实际的计划，入侵英国乃是纸上谈兵。没有得到元首的允许，任何人也不能擅作主张。7月7日，齐亚诺在柏林会见元首，元首的态度有些迟疑。一方面，他希望德国可以通过闪击战迅速占领英国；另一方面，对英国作战的不确定性又使他无法下定决心。希特勒不得不推迟了他的政治演讲。他一直在斟酌自己演讲的每一个字，希望此次演讲可以对英国政府产生一定影响。7月11日，希特勒终于召开了军事会议，准备听取各军事统帅的意见。会议在上萨尔斯堡举办，会议的重点是海军的渡海问题。假使要入侵英国，那么海军一定是先头部队。这一天，海军元帅雷德尔与希特勒进行了一次长谈。但是谈话的重点却不是对英作战的问题，而是讨论挪威的特隆赫姆和纳尔维克扩充海军基地的问题。

海军元帅雷德尔给希特勒提出了一个建议，那就是在举行演说之前对英国进行一次"密集"轰炸。雷德尔始终相信如果想要迫使英国接受和平，那么就需要这种以潜水艇作战为主、空军袭击护航队为辅的手段轰炸英国城市，从而进一步截断英国的进出口贸易。但是作为最高统帅的希特勒却不这么认为，他认为不到最后一刻迫不得已，不愿发动战争。

作为德国的盟友，意大利已经沉不住气了，墨索里尼写信给希特勒，希望派部队和飞机帮助德国实施侵略英国的计划。7月13日，希特勒回信婉言谢绝了他的帮助，不过从这封信里却也透露出一些微妙的讯号。希特勒正逐渐下决心做入侵英国的准备，也开始整肃英国人"崇尚自由"的思想。他在信里写道："我已经向英国提出许多有关协商、甚至合作的建议，但是却遭到难堪的对待。因此，我现在坚定地认为任何理性的呼吁，都会遭到对方无理的拒绝，甚至难堪的对待。"7月16号，最高统帅做出了决定。他发出了"关于准备在英国登陆作战的第十六号指令"：

"绝密：元首大本营。1940年7月16日，由于英国不顾自己军事上的绝望处境，仍然没有表示出妥协意愿。我已决定准备在英国登陆作战，如有必要，即付诸实施。这一作战行动的目的是消除英国本土作为对德作战的基地。对于这些基地，如果有必要，则全部予以占领。"

指令决定，此次作战的代号为"海狮"，作战的准备行动规定在8月中旬完成。

希特勒在7月19日又一次对公众发表了演说。作为一位老道的政客，希特勒最善于玩弄把控德国人民的情感，就像河水引流一样，能够将德国民众的情绪引入自己希望归置之处。他对自己讲演的每一个字仔细斟酌考究，目的就是产生最大的感染力。"现在英国人对我们呼喊出了他们的口号，战争必须进行下去。但是这不是英国人民的声音，而是那些善于玩弄政治权谋的政客们的意见。我不知道这些政客是否预料到了战争持续下去的糟糕结果，或者说他们根本不考虑这些对于他国人民的影响。他们义正词严地宣布，他们要继续打下去，即便打到英国灭亡也在所不惜。更不可思议的是他们还说要将战争引导到加拿大去，难道这些政客想让英国人民迁到加拿大去吗？能够迁过去的或许只有那些希望战争继续

希特勒演讲

的绅士罢了。而可怜的英国人民一定会被留在国内。请相信我吧，先生们。我嫉妒厌恶那些想让国家毁灭的政客，这些人其实早就把房屋糟蹋到东倒西歪，但是却说我是来执行那最后一击的人，每次想到这里，我都无比痛心。像丘吉尔先生这样的人，一定会去加拿大的。受苦受难的一定是数百万的英国人民。丘吉尔先生一定会最终相信我的预言：一个伟大的帝国，一个我从来不想伤害毁灭的伟大帝国，就此毁灭。"

希特勒通过演讲在丘吉尔及英国人民之间挑拨离间。紧接着他开始进入到这次演讲的中心问题："就在现在，我相信自己的良心，良心告诉我英国应该拿出理智与常识出来正确对待我们的要求。因为我们德意志不是乞求恩惠的被征服者，而是用理智在思考、在说话的胜利者。就我自己而言，我看到了继续打下去的任何理由。"

但是希特勒对于英德之间实现和平的条件，并没有详细解释，也没有对政府、国家、人民的命运发表看法。这明显是避重就轻的搪塞。但是在当时的那个场合，国会里的每一个人都认为这些都是没必要提及的。这次演讲的结果在于使得会议结束后的每一个人都坚信，英国人一定会接受元首宽大、豪爽的建议。不过这次演讲还没等到发送到美国，英国伦敦广播公司就已经传回了英国的回答，简单的一个字："不。"

7月22日，哈利法克斯勋爵通过广播正式拒绝了希特勒的和平建议。虽然这并不意外，但是威廉街的德国人还是有一些吃惊。政府发言人宣称："哈利法克斯勋爵已经拒绝接受元首的和平建议。先生们，将要打仗了！"

许多事情并不如预计的顺利，希特勒以及整个纳粹高层根本没有认真研究过与英国战争的战略与战术。1940年的夏天，他们陶醉于已取得的军事胜利，并没有制订计划同英国直接交火。

德国人从来都对自己的军事力量极度自信，但是他们恰恰缺乏前瞻性的战略思想。他们的军事力量一直集中于欧洲大陆，就连希特勒自己也怕海战。

德国可以选择跟他们的盟国意大利合作，采取横渡地中海、向西夺取地中海门户直布罗陀的策略，东边则从意大利在北非的基地直接攻下埃及，跨过苏伊士运河到达伊朗，切断英国的生命线。这种政策的确能够对英国造成重大影响，但是对于1940年的德国来说，显然有些困难。因为该战略要求德国放弃本国的基地，转而在海外作战。

第四节

战争筹备

"德国对英国的最后胜利,现在只是一个时间问题,敌人再也不可能进行大规模的进攻作战了。"1940年6月30日,德国最高统帅部作战局局长约德尔将军在他的手稿中如此描述。

作为被希特勒宠信的人,约德尔将军显得有些得意。毕竟,现在是英国单独作战,已经失去了法国的援助。希特勒于6月15日将陆军队伍缩减,从160个师减到120个师。因为希特勒觉得陆军的使命已经结束了,剩下来只需要用空军和海军来完成任务。

陆军实际上对同英国作战并不是很感兴趣,他们的元首也表示自己对于这件事并不关心。"关于登陆英国的问题,元首……至今还没有表示过有这种意图……因此,最高统帅部直到现在还没有完成任何准备工作。"约德尔的副手瓦尔特·瓦尔利蒙上校在6月17日通知海军的时候这样说道。而就在6月21日,也就是瓦尔特·瓦尔利蒙上校通知海军四天之后,海军接到消息说:"陆军参谋总部对于英国问题并不感兴趣。它认为不可能实施这种行动,它不知道怎么能从南部地区采取行动……参谋总部反对这个行动。"当时正是法国受辱的时刻,希特勒耀武扬威地步入了贡比涅的谈判车厢。

事实上,早在1939年11月15日,正当希特勒颇费心思地策划西线进攻时,雷德尔就曾对海军作战参谋部有所指示,他要求他们研究一下"入侵英国的可能性,如果战争继续发展下去,某些条件具备了,这种可

德国军队

能性会日渐增加"。

  这是历史上首次，德国的军事参谋部被要求对这种军事行动进行研究，好像只是为了避免善变的领袖临时改变主意。然而这件事情是否有和希特勒商量过，希特勒对于这件事是否知情，没有史料可以对此进行考证。唯一能够知道的是希特勒当时的想法，充其量就是在荷兰、比利时和法国取得机场和海军基地，这样他就能够加强对不列颠群岛的进一步封锁了。

  "总而言之，必须放弃以在英国登陆作为目标的联合作战计划"——空军参谋总部在给陆军参谋总部的公函里这样写道。不过依现实来看，戈林及其副手却采取了恰恰相反的行动。

  根据德国历史文件记载，希特勒认为5月21日是较为合适的进攻时间。这一天正是装甲部队从阿布维尔推进到海岸的日子。雷德尔和元首两个人私下讨论了在英国登陆的可能性。而这部分的情报来源正是德国海军元帅——雷德尔。雷德尔的海军在先前战役中并没有起到多大作用，功劳都被陆军和空军抢占了，现在雷德尔希望他的海军能够依靠此次行动获得荣誉。可是希特勒当时却在考虑北边的围攻战以及南边形成的松姆战线。

德国装甲部队

德国的海军军官依然无事可做，索性继续讨论对英的作战计划。"英国研究"就是由海军作战参谋部作战处处长库特·弗立克海军少将于5月27日提出的。初期的筹备任务，比如聚集所有船舶以及建造登陆艇，都已逐步开始。史料记载，德国海军当时的境况并不乐观，因为他们居然连一艘登陆艇都没有。对此，德国海军部也提出了相应的解决计划——"战争鳄鱼"。该计划由经济学怪才戈特弗雷德·弗德尔博士提出。他曾经帮助希特勒草拟过党纲，现在在经济部担任国务秘书一职。该计划的内容是生产一种非常坚固的自动推进驳船，水泥是其主要的制造材料。一艘这样的驳船可以装载将近200人，并且船员还可以全副武装；也可以单独装载几辆坦克、几门大炮。它可以轻松地登上海滩，以便掩护后续的部队和车辆。海军司令部认为这个计划值得重视，甚至连哈尔德也对这个计划满怀期待。希特勒与雷德尔曾在6月22日对这个计划进行了详细交流，但该计划还是无疾而终。

一直持续到6月底，进攻不列颠群岛的行动还是一纸空谈，德国的海军将领众说纷纭，始终没有得出实质性的结论。希特勒结束贡比涅会议后，曾在6月21日和一些旧友短暂地游览巴黎，他们一同参观了第一次世界大战的战场。希特勒曾经在这里担任过传令兵，与他同行的还有他当时的班长马克斯·阿曼。他从心底认为对英国作战是不足挂齿的小事，英国人现在需要的只是恢复"理智",然后走上谈判桌向德国求和。

6月29日,希特勒回到他的大本营——一个在坦能堡新建的大本营,坐落于"黑色森林"中的弗洛伊登斯塔特西面。第二天,希特勒收到来自约德尔撰写的报告《继续对英作战》,讨论的是对英作战的下一步行动方案。事实上,约德尔虽然具有一定的战略眼光,但对希特勒却十分盲从。现在,约德尔的意见也和那些平庸之辈一样了,他认同德国最高统帅部的普遍看法,觉得战争已然结束,英国人只需要一些"提醒"和"教训"就会低头。报告中列出三个详细步骤来"包围"英国:进一步加强德国空军、海军对英国的船舶、仓库、工厂的控制力度,对其进行摧毁性打击;"在人员集中地点,进行恐怖轰炸活动,引起人民恐慌";"部队的登陆,时刻要以占领英国为目的"。

虽然约德尔认为最难对付的便是英国皇家空军,但是他却并没有把英国空军作为重要的战斗部署目标。他认为对英国空军的作战虽然棘手,但在部署方面应和其他方面的进攻保持一致。这样战役进行的过程中才不会遇到难以处理的困难。

约德尔认为,英国的抵抗不仅仅是为了取得胜利,更重要的是保住自己在世界的地位和声望。因此,只要德国施以小惠,照顾英国的体面,英国就会"审时度势",接受德国和平谈判的建议。当然,备用的战争方案也有所准备。如前文所述,希特勒曾私下制定过一些不太具体的初步登陆计划。他在计划中给英国的最后期限是7月16日。也就是说,7月16日之前英国政府必须给德国一个"让人满意"的答复,否则他就会下令实施他的第十六号指令——"海狮计划"。希特勒延宕了6周,仔细推敲此次作战是否明智。终于,6周后他对将领们发表意见,认为"若有必要",就会进攻英国。随着形势的不断发展,希特勒及其将领终于意识到,对英国作战比先前的几次战役都更加棘手。这次作战考验的是德国空军和海军的协同合作。只有将英国空军彻底击溃,德国陆军才有足够的空间发挥作用。

不过就之前希特勒的态度来看,"海狮计划"颇受争议。希特勒如此犹豫延宕下达的命令是否有足够的严肃性?或者,"海狮计划"是否是一

血色长空
xuesechangkong

不列颠空战
buliedinkongzhan

"海狮计划"

项华而不实的行动，它的落实情况究竟如何？

这些怀疑即便是放在现在依旧是合理的。在一些史料的记载中，"海狮计划"的有效性被德国将领齐声否认。1945年，作为入侵行动的指挥官，伦斯德对提审人员说："这样一个入侵的计划实在是太胡来了，我们并没有足够数量的船只能够与他们相匹敌，整个计划看起来就像是一出闹剧，海军根本无法掩护渡海或是运输增援部队。可想而知，入侵根本就是不可能完成的一项任务。而如果我们的海军部队失败了，空军依然也没办法承担起这个重任。我对整个行动都一直保持着怀疑态度……我甚至猜想希特勒可能根本就没有想过要真的入侵英国……或许他没有足够的勇气认为自己能够成功……他大概是觉得英国一定会来跟我们求和……"伦斯德的作战处长勃鲁门特里特在战争结束后与利德尔·哈特交谈时也透露出相同看法："我们彼此谈论到它（海狮计划）的时候，把它当作是一种虚张声势。"

8月15日左右，数队德国轰炸机与战斗机从海峡上空飞过，迅猛地向英国前进。这也是德军机对英国的第一次大规模空袭行动。但由于运输船只极度缺乏，德军大部队只能隔海长叹。少数人清醒地认识到：德国根本无法将军队顺利地渡过海峡，因为他们根本没有可以运送军队的工具，他们制造的这一切现象不过是在吓唬英国人罢了。

有趣的是，参与行动的德国将领在纽伦堡军事法庭中却都否认自己在战略上的无能，他们把战争失败的主要责任推脱给希特勒，并反复强调希特勒领导才能的匮乏。

希特勒的确认认真真地制订过入侵英国的计划，他认为，虽然英国人极有可能和谈，但是在万不得已时，也要有必要手段对英国进行致命的打击。这项计划有很强的操作性，不过计划的流产并不是因为希特勒不够有远见，而是在战争过程中，运气也占有很高的比重。现在，希特勒第一次被运气嘲弄。

在发布准备入侵的第十六号指令翌日，即 7 月 17 日，陆军总司令部便开始着手实施部署执行"海狮计划"的作战部队，他们安排 13 个精锐师先行一步开去海峡沿岸的出击地点，作为首批登陆的精英部队。同时，陆军总司令部也完成了在英国南部海岸广阔的前线登陆的计划。像法国战役那样，在进攻任务中充当首要位置的是 A 集团军司令冯·伦斯德陆军元帅。恩斯特·布许将军的第十六军团的 6 个步兵师从加莱海峡乘船进攻腊姆斯盖特和贝克斯希耳之间的海滩。阿道夫·施特劳斯将军的第九军团的 4 个师从勒·阿佛尔地区横渡海峡，在布莱顿和威地岛之间登陆。再向西的地方，有莱希瑞陆军元帅的第六军团的 3 个师（属冯·包克陆军元帅的 B 集团军）从瑟堡半岛出发，他们将在韦默思和来姆—里季斯之间的来姆湾上岸。按照陆军总司令部的计划，到第三天的时候总共登陆人数应该达到 26 万人。而他们的空运部队将在来姆湾和其他地区着陆，以作增援。第二批的登陆部队将由一支不少于 6 个装甲师的装甲部队组成，由 3 个摩托化步兵师支援他们。这个计划指出，在短短几天之内，德国军队总共有 39 个师和 2 个空运师将登陆。

当初步取得对桥头堡的控制后，他们的部署计划如下：首先，东南方

德国陆军

向的 A 集团军各部需要推进至格腊夫森和南安普敦之间的地区。莱希瑞的第六军团将北进至布里斯托尔，切断德文和康沃耳的联系；其次，控制东海岸泰晤士河口之北的马尔顿与塞文河之间的一线，为的是能够对威尔士进行封锁。根据德国人自己的计划，在格腊夫森和南安普敦之间将有一场恶战，不过这场战役的最终胜方一定是德国。德国军队将轻易地包围伦敦，同时向北推进。7月17日，勃劳希契与雷德尔进行了一场谈话。他过于乐观地估计了战争的形势，认为整个战争的持续时间将不足一个月。然而雷德尔和海军总司令部都对这个说法持怀疑态度。这样一场大规模的武装战斗，战线过长，从腊姆斯盖特至来姆湾延伸了200多英里，完全超出了德国海军运输和掩护的最大能力。在经过一番仔细思考后，雷德尔向最高统帅部汇报了这一情况。7月21日，希特勒在柏林举行一个会议，雷德尔再次于会议中提及他的担忧。此时希特勒对于英国本土的状况并不了解，他的脑中只有一些模糊的概念。他认为，德国海军无法独立完成进攻的首要任务，同时也强调快速结束战争对于德国的重要性。入侵英国将耗费40个师的力量，而且"主要战役"一定要在9月15日之前尽快收尾。显然，这位统帅乐观过头了。尽管当时丘吉尔明确地表示拒绝响应他的"和平呼吁"，但希特勒还是保持着一贯的强势，他说："英国的处境是没有希望的。我们已经赢得了这场战争。把成功的前景扭转过来是不可能的。"

第五节

海狮计划

　　海军其实也没有多大把握能在英国的眼皮子底下,把一支大军送过天堑一般的海峡。因此,德国海军作战参谋部于7月29日撰写了一份备忘,上书"不要在今年进行作战",并且建议希特勒把战役推迟到1941年5月或者更晚再作考虑。但希特勒执意不肯,1940年7月31日就把此事纳入了自己的议事日程。在31日当天,他又一次召集了军事将领们在上萨尔斯堡别墅讨论这个严肃的问题。除了海军元帅雷德尔代表最高统帅部的凯特尔和约德尔、代表陆军总司令部的勃劳希契和哈尔德都出席了这次会议。但雷德尔对此次讨论并没有太高期望。

　　按照他的话来说,"海狮计划"应定在9月15日实施。只要当时的天气状况良好,或是敌人没有意外的行动,计划就应当被执行。希特勒就此询问雷德尔关于天气的问题。雷德尔分析得相当有说服力。他认为天气因素对战争的影响是巨大的,除了10月上旬,海峡和北海的天气都十分恶劣。10月中旬开始起薄雾,到了月底则会变为浓雾。然而棘手的情况不只在天气上,海潮的起伏也是一个需要考虑的难题。他说:"只有海上风平浪静,才能够执行作战计划。"假如波浪太大,驳船将失去平衡,进而覆没,就算是大型船只也于事无补。大船碍于体量,无法放弃补给品,船只将在过重的负载下倾斜、沉没。这位原本前途光明的海军元帅在这个时候也对未来迷茫起来。他接着说:"就算第一批部队在天气有利的情况下顺利航行到目的地,但是这样也不能保证第二批第三批的部队也能如同前

血色长空 不列颠空战 xuesechangkong·buliediankongzhan

雷德尔

者那样顺利,天气问题依然是未知数……事实上,我们要知道的是,很多港口在可以被有效利用之前,有数天的时间是无法运送数量较大的物资的。"

假设遇到这种情况,那么陆军毫无疑问会陷入困境:在没有给养和援军的情况下,他们只能一直被搁在海滩上。海军和陆军之间的分歧是雷德尔必须要面对的。陆军方面表示,他们需要一条从多维尔海峡到来姆湾的广阔战线。但是如果因此而进行大规模的作战,海军是根本提供不了所需要的船只的,而且英国海军、空军一定会进行强有力的反击。在这种条件下,雷德尔强烈主张缩短战线,他把战线划在了多维尔海峡和伊斯特伯恩之间。到了最后,这位海军元帅才对众人说出了他有力的结论。

"从所有的情况全面考虑,"他认为,"1941年5月是最佳的作战时间。"可是希特勒觉得需要等待的时间太漫长了。毋庸置疑,他对天气这个不可控因素也无计可施,但是他认为战机同样不能延误。如果在适当的时机没有及时结束战争,那么对德国将是一个棘手的大麻烦。事实上,就算是给德国海军几个月的时间,他们的实力也比不上英国海军。而英国的陆军在这个时候力量却是最为薄弱的。要想使英国陆军拥有30—35个师的兵力,这需要8个月到10个月的时间。

若把这些兵力部署到特定区域,也是非常可观的力量。基于备战形势,雷德尔做出了以下决定:把牵制战这个策略应用到非洲地区。但是只有当进攻英国之后,具体的部署才能确定。与此同时,他们对作战计划定在9月还是来年5月犹豫不决。为了保证作战计划的顺利,他们决定对"入侵英国"做小范围的实验:派战斗机对英国南部密集轰炸一周,若英国的基础设施及海军支援受到重创，那么"海狮计划"就会定在1940年9月；若实验结果相反，那么计划就将会被推迟到1941年5月。

德国空军将是决定战斗计划里的关键一环。

8月1日，也就是第二天，希特勒从最高统帅部发出了两个指令。这两个指令一个是由他本人签字的，另外一个则交给凯特尔签字。

元首大本营于1940年8月1日发出的绝密文件就关于如何对英国进行海空作战发布了17号指令，指令发出的目的是为了创造最终征服英国的条件。

指令内容包括：

  1. 德国空军要用最快的速度，所有的力量来打败英国空军……

  2. 作战中如果取得暂时性或局部性的胜利和优势，应该尽快对港口地区，尤其是对供粮设备进行袭击……

  3. 注意在对英国南部的沿海港口进行空袭之时，需要小规模打击，这样对我们的作战计划十分有利的……

  4. 空军部队的主力应该随时待命，准备参加"海狮计划"的作战。

  5. 只有我（指希特勒）才有权力决定，最后的报复手段是否应该以恐怖袭击的方式来解决。

  6. 加强空战力度的时间应该是在8月6日之后……海军已经得到许可，在空战升级的时候，也加强海军的作战。

由于海军总司令报告称"海狮计划"的筹备工作无法在9月15日之前完成，于是希特勒让凯特尔代表他签署指令督促工作。指令要求陆军和空军继续进行"海狮计划"的各项准备工作，并且要确保如期完成。8月15日前后，德国空军应对英国本土进行轰炸，此次攻势持续8天到14天。之后，元首会根据情况判断是否有必要在今年发动入侵。"海狮计划"是与这次空袭的结果息息相关的。尽管海军出于安全考虑,一再强调他们只有保全一条狭长的海岸地带的能力,但是计划还是被实施了。与此同时,海军和空军在战线的问题上也产生了严重分歧。

早在两个星期之前,海军作战参谋部就对陆军登陆所需装备做了初步计算,陆军登陆大致需要征集1722艘驳船、1161艘汽艇、471艘拖轮和155艘运输船,这是极其庞大的数字。7月25日雷德尔对希特勒说,征集这样大规模数量的船只不是不可能,但是这将会使德国的经济遭受破坏。毕竟德国是依赖内河发展经济的,要调运庞大数量的驳船和拖船,对经济的损害不小。雷德尔认为,德国的海军没办法保证长线运送补给品。英国定会对德国的运输线进行袭击,而德国海军却没有足够的防御能力。如果陆军一意孤行坚持拉长战线,那么海军将会有极大的可能丧失全部船只,这是海军作战部对陆军的一再警示。

但是德国陆军仍旧没有改变主意。他们认为较短战线必定受到英国陆军的袭击,并且很有可能在还没登陆的时候就受到英国军队的重创。8月7日,哈尔德会晤了海军作战参谋长施尼温上将。结果不难猜想,德国的陆军和海军就这个问题发生了激烈的冲突。

陆军参谋总长为人处世一贯心平气和,而现在他也发火了:"我根本不同意海军的建议,以我多年陆军的经验来看,这跟自杀没有什么区别。还不如让登陆的军队自己去送死!"在海军作战参谋部的会议记录里,施尼温也没好气地答复道:"如果像陆军设想的那样,为很长的战线运送军队,这也跟自杀没什么两样,因为英国海军真的是太有优势了。"这是一个进退两难的局面——如果如陆军所说,用

海军作战参谋长施尼温上将

大量军队来规划一条长战线，那么德国所有的远征军将有可能一去不返；而如果调用少量的军队来开辟一条短战线，后果将会是入侵部队全部被英国陆军驱赶到海里。8月10日，最高统帅部接到陆军总司令勃劳希契的通知说，他不同意军队在福克斯顿和伊斯特伯恩之间登陆。但为了平息海陆两军的论战，他倒愿意放弃在来姆湾登陆的想法，以此迁就海军。

可海军将领们并不满足，他们坚持原有看法，决不妥协。这一坚决的态度影响了最高统帅部的决定。8月13日，约德尔草拟了一份文件，里面写着"海狮计划"取得成功所必需的5个条件。假如不是那些海军和陆军的将领们处在进退两难的境地的话，他们一定觉得这些条件十分荒唐。事实上，哈尔德提及海陆两军的争议，认为"这次谈话仅仅肯定了一个不可能挽回的分歧"。他讲道，海军坚持认为德国空军是没有实力能够对付复杂的危险状况的，他们其实非常惧怕英国远洋舰队。显而易见，现在德国人认为德国的空军力量并不足以完成打击英国的重要任务。而约德尔草拟的制胜条件内容却规定：其一，英国海军要在南海岸就被消灭；其二，皇家空军的消灭地点就选择在英国上空。实际的情况并不如预期，海军力量做不到让大量军队大规模、高效率登陆，因此约德尔所列其他条件几乎难以实现。约德尔认为登陆是在没有其他良策前提下的无奈之举，甚至强调目前没有足够的理由支撑登陆行动。

约德尔作为最高统帅部的作战局局长，他的看法也影响了希特勒的决定。希特勒在战争期间对于约德尔是极其依靠的，约德尔在他心目中的地位远远高于最高统帅部部长凯特尔。希特勒认为凯特尔不仅没有骨气，而

德军轰炸后的伦敦街道

且还异常迟钝。这也就不难解释，8月13日，雷德尔在柏林会见最高统帅共同商议有关作战战线长短的问题时，希特勒为什么会更偏向于海军提出的小规模行动了。不过元首仍然决定，要在第二天见到陆军总司令以后再给出最后的答复。14日，希特勒听取勃劳希契的相关意见之后，作出了最终决定。16日，最高统帅部一项由凯特尔签署的指令表示，来姆湾登陆的计划已经被元首放弃。不过9月15日在短战线上登陆的各种准备工作还需要继续进行，元首的犹豫再次显现在秘密指令当中。这项指令强调，除非现在的局势已经明朗，否则将不会发出最后命令。

哈尔德在他8月23日的日记里含糊地写道："从现在的形势来看，今年想要成功进攻的可能性不大。"尽管如此，8月27日由凯特尔签署的一项指令依旧表明，他们已经为福克斯顿和塞尔西－比尔角之间南部海岸4个主要地区的登陆做了详细的计划。和原来的情况类似，他们认定的第一个目标是将滩头阵地连成一片，形成战略要地，这样一来军队向北进攻，可以立即进入朴次茅斯到位于伦敦东部的泰晤士河上的格拉夫森一线。与此同时，他们准备好了一系列用来迷惑敌方的措施，"秋季旅行"是其中最主要的，即对英国的东海岸实施大规模的佯攻。正如前文所述，丘吉尔和他的军事顾问们都认为东海岸将会是他们进行入侵的主要目标。为了尽可能放大"秋季旅行"的实施效果，在德军登陆前两天就有4艘大邮船和10艘运输舰（包括德国最大邮船"欧罗巴"号和"不来梅"号在内）从挪威南部的一些港口驶出。这些船舰将开往阿贝丁和纽卡斯尔之间的英国海岸。4艘巡洋舰将在此次行动中起到保护安全的作用。德军的运输舰都是空船，没有装任何物品，他们会在天黑以后悉数返航，等到了第二天又会听从调动进行相同的活动。

8月30日，一份关于如何登陆的详尽指示由勃劳希契发出，然而收到这项指示的将领们却开始对此事抱有怀疑：他们的这位陆军指挥究竟对登陆这件事有着多大的热忱。这项关于"海狮计划"准备工作的指示，被要求在9月15日以前执行，不准延误。然而现在才有一个明确的指示，这对于德军的具体行动而言，显得太迟了。他还说，政治形势会影响到这个计划的执行。这样的说辞未免让那些久经沙场却不懂政治手段的将领摸不着头脑。

9月1日,船只开始在德国北海的一些港口逐渐向英吉利海峡的出港口移动。两天以后,也就是9月3日,又有一项指令从最高统帅部发出。

指令规定:9月20日是进攻舰队最早的启航日期,9月21日则是登陆的最早日期。发动进攻的命令会在预定日期的前十天下达,即9月10日左右,而命令的最晚下达时间是登陆的前三天。如果有意外情况发生,德军的一切准备活动还是有可能被取消。雷德尔和希特勒在9月6日再次会晤,这次会晤持续了很长时间。雷德尔在当晚的日记中这样写道:"元首仍然没有明确地做出关于英国登陆的决定,他十分确信,就算不登陆,英国也会成为我们的手下败将。"这次的会谈的长篇记录表明,希特勒几乎讨论了这次战争的全部问题,唯独没有提及"海狮计划"。希特勒的战略重心并没有放在英国,他关心的是世界局势。或者说,他关心的是虚妄的未来世界秩序问题。他谈到了挪威、直布罗陀、苏伊士以及美国的处境,甚至异想天开地有关于建立北德意志联邦的想法。对于这次会议,有非常

德国海军舰

值得注意的一点：丘吉尔及他的将领们听到了些许风声，他们在第二天晚上在英国发出"克伦威尔"的代号，意为"入侵在即"。代号的发出引起了巨大混乱，英国的国民警卫队因此不断地敲着教堂的钟，好几座桥梁也被皇家工兵炸毁，还有一些人伤亡。

就在9月7日晚些时候，伦敦受到了首次大规模轰炸，德国人驾驶648架战斗机和625架轰炸机在伦敦城上空盘旋。从当时看，此前还没有哪一座城市遭到如此密集的炸弹袭击。华沙和鹿特丹被投放的炸弹数量相比伦敦而言不值一提。那个傍晚，英国陷入熊熊火海，有着重要防御作用的铁路也遭遇堵塞。古老的大不列颠帝国即将接受从未有过的严峻考验。此时，希特勒已经做好了接受英国投降的准备，因此，他对部队下达的命令一再拖延。希特勒觉得英国已陷入困顿的局面，斗志也将消磨殆尽，入侵行动变得不再重要，他需要的只是静心等待。

导致希特勒拖延的另外一个原因是海军造成的。他们无法大规模聚集船只。另外，9月10日海军当局报告，目前的天气情况并不是十分稳定。同时，英国的空军和海军都在紧急应战，开始干扰德国海军聚集船只的准备工作。当天，由于英国空军和海军攻击了若干处于调动中的德国运输舰。德军海军作战参谋部对此发出了紧急危险警报。两天以后，9月12日，柏林收到了由海军西部舰队司令部发出的一封电报，是不利的消息：因敌方空军的袭扰和炮火攻击，所以奥斯坦德、敦刻尔克、加莱和布伦的港口都不允许夜间停靠船只。英国人的行动则几乎不受到阻碍，他们频繁骚扰德国海军，使德国船只的集结工作不能顺利进行。第二天的情况变得更糟，奥斯坦德、加莱、布伦和瑟堡受到了英国海军轻型舰艇的轰击，德国的8艘驳船在奥斯坦德港被炸毁。约德尔甚至猜想希特勒已经放弃"海狮计划"，但是元首的态度却一改往常。

9月14日，元首和总司令在柏林会晤，商讨重要决策，这次会议被雷德尔和哈德尔记录了下来。会议开始前，希特勒收到了海军元帅的一份备忘录。这份备忘陈述了海军的意见，他们认为现在并没有非常合适的机遇来执行"海狮计划"，因为风险不可估计。希特勒在会议一开始的时候就表现出了消极的情绪，他的思想很不稳定，甚至让他自己也觉得不适，下令发动入侵和取消入侵计划让他左右为难。据史料记载，希特勒本该在一天前就做出决定，但是现在他却变得迟疑。直到最后，他才改变了主意。哈尔德把事情原委详细记录了下来。

事实上，希特勒迫切渴望在短时间内就赢得战争，并且军队成功登陆后应该顺利推进，直至把英国本土全面占领。但英国方面的抵抗出乎他的意料。他并不想长期作战，更不想拉长欧洲战场的战线。他认为，目前需要德军进行的工作已经基本完成。就目前而言，登陆变成了最便捷、最有效的办法。德国海军已经为入侵做了充分的准备，空军的行动也为入侵铺平了道路。英国人的退路已然被堵住了。"四五天的好天气将决定最后的结果"，希特勒仍旧相信英国不会傻头傻脑地继续抵抗，他在等英国人求饶。

虽然希特勒极度自信，但是还是不能不考虑现实的状况。实际上，入侵的决定迟迟不能做出。那么问题究竟出现在哪里呢？在希特勒看来，这场战役最大的困难就是不断恢复战斗力的敌军……而敌军的战斗机也没有被完全消灭。虽然英国人到目前为止已经遭受到了重创，但是宣扬德国获胜的报告只是纸面数据，并不能使所有人感到信服。

接下来，希特勒进行了一次讲话，他说："虽然我们取得了一些不错的成就，但是这些还远远不足以达到进行'海狮计划'的必要条件"。希特勒把他的考虑总结成了三点：1. 要想胜利就要做到登陆成功，但是要顺利地做到这一点，就要必须取得在空中的作战优势。2. 多变的天气严重影响了我们取得空中优势的进程。3. 剩下的其他因素到目前为止都是良好的。

所以他凭借这些结论认定：这个计划是完全不能放弃的。

虽然得出了消极的结论，希特勒还是对空军抱起了不切实际的幻想。他始终认为，空军能够取得辉煌的战绩，为德国人争光。他说道："到现在为止，空袭已经取得显著的成效，虽然这种效果有很大的程度上只是对英国人心理的震慑。就算如此，只要这种空中的胜利能持续10天到12天，英国方面会因此而处于极度危险、狂躁的状态。"

空军的那舒恩纳克请求轰炸伦敦的住宅区，竭力不辜负元首对空军的寄望。他分析道，伦敦之所以没有出现"大规模的恐怖情绪"，主要是因为那些区域没有受到令人恐惧的轰炸。雷德尔非常支持这种看法，他对登陆这件事并不热心，但是恐怖袭击却是他所喜爱的。目前为止他第二次发表言论，警告统帅部登陆的巨大危险性。他说明，在计划登陆的9月24日以前，空中的形势依然严峻，改善的希望不大。这样看来，放弃登陆成了明智之举，登陆行动应当在"10月8日或24日"再做考虑。

希特勒知道这样相当于取消了入侵计划，但他还是希望军队能够提前登陆。他决定要等到9月17日再宣布他有关于登陆的决定。如果到那个时候依然不适合登陆作战的话，他再考虑把行动推迟到10月。就这样，最高统帅府发布了一项指令。

> 元首已经做出了决定："海狮计划"再次推迟。新的命令将会在9月17日发布出来，所有的准备工作还应该像以前那样进行。而对于伦敦的空袭计划是不变的。军事和其他的一些重要设备也需要被列入空袭目标的范围之内。这次计划的最终手段是对住宅区的恐怖袭击，不到万不得已不可使用。

希特勒将入侵计划推迟了三天进行，他预留时间是要让德国空军来消磨英国皇家空军的战斗力并逐步瓦解伦敦士兵的士气。这样一来他就可以实行登陆计划了。

但海军方面却对空军的实力持怀疑态度。因为德国空军宣称已经遭到毁灭性打击的英国皇家空军依然有极强的战斗力。在柏林召开的决定性会议上，德国海军作战参谋部做出了报告。报告指出英国皇家空军对各个关键港口的攻击，这些港口原本是为这次入侵行动做准备的。

"运输的船只在安特卫普遭受到了巨大的损失，5艘运输轮遭到了破坏性极强的袭击，1艘驳船因此沉入海底，2架起重机受到严重损害，1列用于装载军人的火车也惨遭破坏，好几处的仓库燃烧起了熊熊大火。"然而更糟糕的情况出现在翌日晚些时候。海军方面发出报告说："从勒阿佛尔到安特卫普的整个沿海地区都受到了敌人空军的猛烈袭击"。海军在这样的情况下需要更多的高射炮来保护准备发动入侵的港口，所以他们发出了求救信号。9月17日海军作战参谋部报告说："英国皇家空军依然在进行反击，没有足够的证据证明英国空军正处于劣势。"更糟糕的是英国皇家空军加强了进攻的态势，现在轮到德国人自己慌了手脚。英国空军十分巧妙地利用了当晚满月的便利条件，用轰炸机进行袭击活动。德国海军作战参谋部报告了船只损坏的问题。有84艘驳船在敦刻尔克被击沉到海底，或者遭受到了严重的破坏。从瑟堡到登－赫尔德这一范围内有1个500吨的军火库被炸毁，1所军粮仓被大火烧毁，还有不计其数的轮船和鱼雷艇被炸沉，也有不少的人员在此次袭击中受伤。海军作战参谋部认为在当前的紧急状况下，有必要对预备入侵港口的船只和军舰进行疏散，同时还要下令停止再向这些港口调动船只。

海军作战参谋部强调："如果按照原来的计划登陆，我们很有可能在正面遭遇敌人的时候损失大部分兵力。现在我们的处境已经十分严峻。"

9月17日，德国海军作战日记明确记录了这样的一段文字："敌人的空军力量十分强大，要想打败他们几乎是不可能的事情。他们的活跃度也有所增加。我们不能把希望寄托于天气。从天气情况来看，我们要想获得风平浪静的好天气暂时是不可能的……这样一来，'海狮计划'就被无限期地延迟了。"阿道夫·希特勒不曾想到他也会在军事上遭遇失败，毕竟到目前为止德军从来都是轻易获胜的。

9月19日，希特勒下令停止让船只继续集结到准备入侵的港口，并且还要疏散已经驶入港内的船只，以此来规避损失。对现在的德国人来说，入侵计划成功实现的可能性几乎没有。维持一个松散舰队的运行尚且困难，更别提还要为之前已经集结的部队提供给养。哈尔德在9月28日的日记中愤怒地写道："要把'海狮计划'无限地拖延下去，这种情况是很难让人接受的。"10月4日，意大利外交大臣齐亚诺在同希特勒会晤后的日记中写道："关于不列颠群岛登陆的问题，这次的会晤并没有被提及。"

血色长空 不列颠空战

希特勒无限延期"海狮计划"

墨索里尼作为最先提倡法西斯主义的政治首脑，在军事上遭到惨败后，十分乐意见到他的伙伴希特勒陷入困境。齐亚诺写道："我从来都没有见过领袖（墨索里尼）像今天这样高兴过……"德国海军和陆军的情况都不好，两军的统帅共同敦促希特勒放弃"海狮计划"。陆军参谋总部向希特勒证明，如果继续把军队留在海峡，那么后果可能非常严重。军队将不断受到英国空袭的骚扰，甚至会产生大量的伤亡。10月12日，希特勒不得不承认了此次计划的失败，决定取消入侵行动。但具体情况要等到来年春天再议。他为此发布了一个正式指令：

> 绝密：元首于1940年10月12日决定，从现在开始到明年春天，"海狮计划"的各项准备工作依然继续进行，但是继续行动的目的是为了对英国方面施压。

指令强调入侵活动也许会在来年春天或初夏重新纳入考虑范围。之后若要再次准备作战，将会发出明确的指示。目前德国陆军用于"海狮计划"的兵力被调出，部署在其他的战线上。海军则调离港口所有的船只及人员，避免受到追击。希特勒要求这次行动一定要保密，他说："务必让英国人认为我们将在更长的战线发起进攻。"究竟是什么原因让阿道夫·希特勒最终退却呢？有两个关键原因：第一，"海狮计划"的挫败使他觉得攻占英国将会变得遥遥无期；第二，此时，他的目标已转向东方战场的苏联。

第三章

大战在即

第一节

紧张备战

1940年6月，英国经历的最大危机之一便是把仅剩的后备部队调往法国去参加那些劳而无功的抵抗。与此同时，空军力量又因为大规模出击和向大陆方面转移而渐渐被削弱。假如希特勒拥有足够的军事才能的话，他就会下命令要求放慢对法国战线的进攻速度；或者选择在敦刻尔克之后，于塞纳河一线停靠三四个星期，进行一次短期的修整，同时着手对英国的侵略准备。如果他这样做，那就有很大的机会使得英国陷入棘手的困境：抛弃法国或帮助它继续坚守。如果继续支援法国，那么英国所要承担的支援义务就更加重大，而如何筹备英国的防卫任务就变得更加难以开展。尤其是保护关乎英国生死存亡的25个战斗机中队，简直是难上加难。如果拒绝对法国援助，那么英国将不能保全自己在盟国的声望，英国的政治外交环境也会变得十分糟糕。英国决策者是绝对不会允许这样的事情发生的。"不管怎样说，先生，我们已经参加了这场决赛，而且就在咱们自家的运动场上决赛啊！"——当时伦敦一个军人俱乐部的侍者安慰一名垂头丧气的会员时，这样说道。

英国皇家战斗机

放眼望去，英伦三岛上到处可以看见宣传画与大幅标语，内容无不例外是鼓动人民做好预防德国军队入侵的准备，准备接受战斗。一些由人民自发组织的保家卫国的演讲与集会开始涌现。平日里，人们在城郊和市区主要路口帮忙修筑防御工事，他们小心翼翼地清理火场，架设铁丝网。普通市民们严肃地接受政府散发的武器和弹药，他们将自己武装起来。在伦敦的一些广场和房屋的平台上，列队整齐的民众开始接受军事训练。就连那些旅馆里的侍者们，也挨个加入了救护队。开电梯的服务生一到休息日就跑去帮忙挖战壕，一切的民众力量都在准备同德军入侵做斗争……

每一座军工厂都夜以继日，不停歇地工作着。那些生产机器不曾关闭，生产工人不曾休息，他们一起加班加点生产武器和军用品。从那些庞然大物——飞机、大炮、坦克，到那些细小的装备——步枪、子弹、钢盔，每一件武器和军用品的诞生都被人民所见证。

波光粼粼的泰晤士河，折射着碧绿的光芒，它像一条银带，把这座都市分割成两半。绿树成荫的街道上，车水马龙，人来人往，市区的大楼一座又一座地建成，郊区工厂的烟囱也没有停止吞云吐雾。威斯敏斯特教堂的塔尖直插云霄，当教堂的钟声又一次响起，四周围绕的小教堂也和它遥相呼应一般，"当当"声此起彼伏，在伦敦的天空中久久不能散去。这样一座城市，秀丽依然，风景犹存，但与之和谐景象不同的是，人们的心都被灰蒙蒙的战争所禁锢了。

在这样紧张的时刻，政府颁布了许多法令，它们告诫市民必须随身携带防毒面具，谨防意外的毒气污染；居民外出必须带上身份证、补给证和其他配给票证；工人以及相关的机关工作人员必须携带出入证；私人轿车的两翼和保险杠要按照要求，喷漆成白颜色。每个车灯必须罩上塑料遮护镜；居民寓所的玻璃窗户要用一条又一条的细纸条交叉糊上，以防冲击波将玻璃震碎，造成人员受伤。家家户户都要摆满桶装的沙子和水，以备灭火的不时之需。大部分的家庭都开始为自己储备各种食物以及生活用品，保证全家在德国入侵且补给源被切断时，仍然能够维持基本的生计。政府和人民都过得小心翼翼，他们随时提防着德国人的入侵。

血色长空 不列颠空战

丘吉尔视察民情

丘吉尔在6月28日要求参谋长委员会尽可能地组织更加坚固的防御力量，封锁每一处可能会遭受德军袭击的海滩，尤其对东海岸的港口要采取进一步的安全措施。在每一处需要设防的海岸都要部署守备部队，假如说敌入侵占成功，某个港口失陷了，一定要采取更加坚决的措施保证英国人能够及时反击。根据受到威胁的不同程度，他们将英国南部认定为"采取最高戒备措施的地区"。英国本土的油库和机场在1940年夏天的时候就已经多达324处，雷达站有51个。海军部队应该在一些德军可能会进入的水域铺设水雷，这样就能够对他们的入侵造成一定影响；需要在便于德军登陆的海滩上设置一些障碍。陆军方面必须加强构筑坚固的防线，努力挖掘反坦克壕，多用混凝土建筑掩体。这段时间他们还实行了"公民之战"，250万个家庭防空洞在1941年2月建成。如果伦敦被德国轰炸机空袭，80%的国民都可以进入他们的防空洞躲藏。

丘吉尔借助广播这一宣传手段，进行广播演说，这是前几任首相不曾做过的。英国的军民们，在收音机前，激动地听着丘吉尔的演说，他们坚定了抗战的决心，激发了必胜的信念。这些战斗勇气，都是由丘吉尔的一句句宣言，缀连在一起的。据史料统计，7月14日当天，英国约有

64%以上的成年人收听了他的广播讲话，大家无不动容。小说家兼诗人维塔·萨克维尔·韦斯特曾在给她丈夫的信中写道：

"我想，人们之所以被他伊丽莎白时代的措辞所打动，其中最主要的原因就是每个人都能感受到在这番话的背后，有一座无坚不摧的堡垒。有一股强大的力量与决心支撑着这些文藻，而绝不是因为字斟句酌，咬文嚼字。"

为了应对即将来临的大战，英国政府展开了一系列的疏散措施，这是为了最大程度上避免战争中人力物力的损失。

国家银行储备的大量黄金开始分批外运。7月24日，首批黄金被装载上运往加拿大的"埃默拉尔德"号巡洋舰，之后政府又接连派遣战舰及快船将这些黄金分成无数份，运往加拿大的港口；然后，再命令重兵把守，派遣专列人员将这部分黄金一点一点地转运至蒙特利尔大金库。为了保密工作，这批黄金的代号为"鱼"。这是有史料记载以来人类最大规模的一次金融运输，也是英国人最大胆的一次金融运输。幸运的是，在运输过程当中，没有发生过危险。没有一艘运输黄金的船遭到德军的袭击，这简直就是奇迹。这笔弥足珍贵的财富，后来被英国政府用来购买美国舰艇一类的装备和物资，可以说这些黄金在保卫英国的战争中发挥了十分重要的财政支援作用。

接着，撤离和疏散儿童便成了当时英国政府最紧急的任务。为此，他们还专门建立了负责儿童撤离的机构——英国儿童海外接收委员会。英国城市中的大部分儿童被分批地撤离到乡下或者偏远的小城镇去。

政府安排的撤离计划按照既定目标有条不紊地进行着，将近5000名5岁至15岁的孩子被船只分批运到了大英帝国的各个自治领地，更有2000名左右的儿童被撤运到了美国。然而，还有2666名儿童在焦急中等待着撤离。

美国政府要求德国保证撤运期间英国儿童舰船的行驶安全，这一要求遭到德国政府的无情拒绝。于是悲剧不可避免地发生了：9月17日，德国一艘潜艇将"贝拿勒斯城"号鱼雷艇击沉，艇上载有320名儿童，300多名儿童就此丧生，仅有11人在这场事故中幸免于难。这一事件促使英国停止了关于撤运儿童的计划，他们意识到不能再冒这么大的风险了。英国政府于10月2日正式叫停整个海外撤运行动。一周后，美国的志愿机构在帮助撤出英国儿童之后，也逐渐终止了有关活动。

5月17日，为了保证居住在英国的美国人免遭纳粹攻击，美国驻英国大使馆给所有在英国的美国公民（大约4000人）下了一个通知，要求他们尽快返回美国，如果没有办法回国，就尽快撤离至大城市或者军事战略要地。一定要保证自己在非人口稠密区居住。两个月后，美国大使馆于7月7日发布了一项特急警告："这可能是战前最后一次呼吁美国公民回国。"大部分的美国公民都遵从了这个命令，回到了自己的国土，但也有许多美国人决心留下来与英国人民一起并肩作战。这一切都是来自他们对希特勒暴行的痛恨，以及对友好、勇敢的英国人民的感谢之情。执意留在伦敦的60多名美国人共同组建了美国的第1国民警备中队，该中队由美国人韦德·海斯将军担任中队长，全体队员都身着英国国民队队服，并且肩部佩戴着红鹰肩章。

第二节

构筑防线

丘吉尔认为在当前形势下如果想要拯救英国，只有一个办法，那就是跟美国结盟，争取到美国方面的物资以及战略援助。5月15日，他在致罗斯福总统的电报中要求道："我希望能够借用你们40或50艘旧驱逐舰，以弥补我们现有舰只与之前的差额。大概明年这个时候，我们就有足够的舰只了。但是，如果在这段补缺补差期间，意大利参与了这场战争，又用100艘潜艇向我们进攻的话，我们就可能濒于崩溃。"6月11日的电报中，他再一次地提起了这件事："对我们来说，当前最重要的事情，就是要把你们已经重新装备好的30或40艘旧驱逐舰拿到手。我们可以很快地给它们装上我们的潜艇探测器……今后的6个月是至关重要的，这段时间在战

英国驱逐舰

役中一定会产生巨大的影响。"大约在7月底的时候,英军与德军展开了决定命运的空中较量,考虑到空战之后敌军可能会立刻发动入侵,丘吉尔再次向罗斯福提出了请求。丘吉尔清楚地知道罗斯福的好意以及当前美国所面临的困难。于是,在他们的每次电报交流中,丘吉尔都极力用最坦率的言辞向罗斯福强调:一旦英联邦政府瓦解,希特勒成功称霸欧洲地域、控制所有的造船厂和海军力量的时候,美国的地位也会变得岌岌可危。罗斯福同时要求英国做出保证:在任何情况下都不可以将英国舰队交给德国。

丘吉尔5月18日再次致电罗斯福:"英国不久就要沦落到和荷兰相同的状况……如果美国发挥作用的话,必须尽快。"丘吉尔反复强调局势的迫切。罗斯福的想法则是:"合众国眼前最有效的防御就是大不列颠成功地保卫它自己。"美国也需要英国继续跟法西斯势力进行斗争。于是在6月,美国向英国提供了大量武器装备,其中包括50万支步枪、5.5万支冲锋枪、2.2万支挺机枪以及895门野战炮。英美两国于9月3日正式达成了协议,英国同意将纽芬兰、百慕大、巴哈马群岛、牙买加、安提瓜、圣卢西亚、特立尼达和英属圭亚那等8个空军基地租借给美国,租期为99年。作为回报,美国支援英国50艘旧驱逐舰,为了加强大西洋的反潜行动,首批的8艘旧驱逐舰将于9月6日移交给英国。

从敦刻尔克大规模撤退之后,英国军队虽然保留了一部分实力,但是由于战争中装备被大量丢弃,人员伤亡惨重,英国军队的元气已经大伤。

面临这种严峻的形势,英国的战时内阁立刻采取了一系列紧急措施,加强巩固了他们的防御战线。计划中陆军在7月份就要有44个师的力量;空军有"喷火"式和"飓风"式战斗机620架,后备飞机289架;海军实力也要远远超过德国海军才行,要1000多艘巡逻艇,其中200余艘在海上巡逻,绝大多数驱逐舰也从执行护航任务抽调回来。这一切都是为了防卫德国的入侵。英国还组织了一批机动部队,准备给入侵者以沉重的打击。1940年5月至8月,国民自卫军已有100万人,而且还准备发展到150万人。同样的,为了抵抗德军的登陆,英国在南部和东海岸地区修建了许多

"喷火"式和"飓风"式战斗机

油地,他们准备当德军的舰船驶近海岸时就对他们进行一波"火攻"。6月至8月两个月时间内,英国计划生产飞机903架,实际上生产量已达1418架。首批8个营的兵力已经于6月6日从印度启程,7月25日将赶到英国加强防务工事。与此同时,在澳大利亚执行命令的部队也已经被抽调回国,准备回国之后便立刻投身到反登陆作战中去。

不列颠空战爆发的前夕,英国空军部成立了防空指挥部,司令是爱德华·比尔上将,他被任命统一指挥全国所有的战斗机、高射炮、雷达和警报部队。据当时资料记载可知,战斗机部队共计56个中队,战斗机980架。其中,性能优秀的"飓风"和"喷火"战斗机688架;高射炮部队共计7个师,高射炮4000余门,但在这当中大口径高射炮不足2000门。由于大口径高射炮月产量仅40门,产量过低,短时期内数量不可能有大幅度的提升,供求难以平衡,于是英国军队调整了作战计划,他们将约700门大口径高射炮配置在飞机制造厂。防空拦阻气球大队5个,拦阻气球1500余个,这些拦阻气球都系在汽车上,可以达到迅速转移的目的;探照灯2700具。最重要的是当时的英军部队中还存在着不为人知的雷达部队。可以从诸多史料得知,英国是最早将雷达投入实战中的国家,一直到1940年7月,英国共建成雷达站51座,其中包括东南沿海地区38座,约占总数的75%。这样的部署形成了极度严密的雷达警戒体系。这种警戒体系分为两个层次，中高空防空雷达系统是第一层，它能有效发现飞行高度在4500米以下的飞机；低空防空雷达系统是第二层，它能有效发现飞行高度在750米以下的飞机。在这样的情况下，英军可以随时通过雷达测出德军敌机的大致方位，从而指挥己方战斗机在有利方位和时间迎击，更好地保卫自己的国土。在雷达被投入战争之前，人们通常都是派遣战斗机在空中巡逻作业发现空袭敌机。在开始使用雷达监测后，英军战斗机的每次起飞都是有目的地迎战，飞机燃料和人员体力的消耗大大降低了，这同时也在很大程度上弥补了飞机数量不足的缺陷。当时的英国还拥有一支150万人的国民自卫军，自卫军部队在沿海地区设置了无数防空监视哨。人们使用双筒望远镜和简易方位测向仪，承担起监视敌军飞机、警戒战线、救护伤亡人员等重要任务，这150万人正是英军正规部队中不可或缺的辅助力量。英国本土部队总司令艾恩赛德将军于6月25日制订了防御计划，计划内容主要包括：在沿海敌军可能进犯的各个海滩都进行"覆盖式"战壕的修筑；由国民自卫军防守，着手建立一条穿过英国东部中心的反坦克障碍；后备部队部署在反坦克障碍后面，以便组织反击；在伦敦设总司令部，下设7个指挥部，统一协调指挥。

8月初的时候，总共划定了三道重要防线防止德军入侵：第一道防线是"敌人的港口"，将利用空中侦察技术以及潜艇水下作业监视来获取部分战略情报，用一切兵力攻击来犯的敌军船只；第二道防线是海上巡逻，巡逻网铺设得非常严密，这是为了能够更好地截击入侵；第三道防线则是敌军的登陆地点，一旦敌军登陆，他们便会组织海军和空军不间歇地打击。同时，机动部队也会与之相配合，辅助进攻。

9月，英军已经在南部海岸线成功部署了16个精锐师，其中有3个装甲旅，他们的武器装备包括240辆中型坦克、108辆重型坦克、514辆轻型坦克、498门反坦克炮。

英国本土总司令部依据参谋长委员会所下达的待命指示，于9月7日20时对东岸和南岸的指挥部以及伦敦地区的所有部队，发出了代号为"克

"二战"时期英军女兵

伦威尔"的密令。密令中明确指出，德国军队的登陆行动已经迫在眉睫，要做好防守准备。

9月8日左右，英军参谋长委员会又要求本土总司令规定一个特定的、表达中等程度戒备的信号，这一要求是为了今后遇到特殊情况时，军队能够按照等级来加强备战力度。

丘吉尔于9月11日在下院发表讲话："下星期前后，是我国历史上非常重要的时期，可以与西班牙无敌舰队逼近英吉利海峡的那些日子相提并论。"

尽管英国人认真严谨地采取了以上一系列保卫措施，在很大程度上加强了自己的防务，但他们面临的形势还是相当严峻。1942年丘吉尔在回顾这段历史的时候就曾说道："1940年，入侵的军队大约只要有15万精兵，就能使我们陷入绝境。"

第三节

"弩炮"计划

德国军队如果想要从英吉利海峡寻找一个突破口入侵英国的话，必须要有非常强大的海军力量作支撑。显而易见的是，德国的海军力量远远弱于英国。然而，在1940年6月22日法国投降之后，法国的海军力量也被德国接收了。法国的海军力量位居世界第四，可想而知，德国的海军力量已十分强大，这对英国十分不利。在极度危急的情形下，丘吉尔做出了一生中"最违背天性"的决策——进行"弩炮"作战计划。此计划诞生于战时内阁，目的是为了最大程度地削弱德国的海上力量。

这项计划详细指出：英国应当尽可能地去除法国舰队的武器装备；试着夺取并控制法国海军的舰艇，使其失去作战能力；若情况变得棘手，也要保证将法国舰艇击毁。如此一来，英国的实力方可保存。

法国有一支舰队停泊在地中海西端奥兰附近海面上，它的统帅是让-苏尔将军。这支舰队涵盖了法国最优秀的巡洋舰"敦刻尔克"号和"斯特拉斯堡"号，以及1艘航空母舰、2艘战列舰和一大批驱逐舰，是一支实力不容小觑的舰队。

英国"H"舰队萨默维尔中将在7月2日强烈要求与让-苏尔进行一次面谈，却遭到了对方的拒绝。9时30分，萨默维尔中将向法军舰队司令递交了英国政府的官方函件：

"……这些是我们要求必须做到的：法国海军最精锐最厉害的舰只不能被用来同英国作战。当前情况下，依据英王陛下政府的指示，我要求在米尔斯克和奥兰的法国舰队至少依据下列我所说的办法之一行事：（甲）与我方人员一同航行，继续为反法西斯战争的胜利并肩作战。（乙）对你们的船员进行人员裁减，并在我们的监督下将舰只开往英国港口……（丙）跟随我们一同前往印度尼西亚群岛的一个法国港口，比方说马提尼克，在那里严格按照我们的要求解除你们舰只的武装……如果你们执意拒绝我们所提出的这些公平、合理的建议的话，我只好表示最深的歉意，要求你们在6个小时之内将所有的舰只凿沉。如若你们不能依据我们的要求行事的话，我只好遵从于英王陛下政府的命令，掌握我所拥有的一切必要力量，保证阻止你们的舰只落入德国和意大利之手。"

谈判进行了一整天，却得不到任何结果。在这种情况下，英军只好拿起武器依据命令行事。英国皇家海军"H"舰队在17时24分向这支有着炮火掩护的舰队展开了攻击。尽管此舰队有着陆地力量的掩护，但是无数架飞机从"皇家方舟"号航空母舰起飞，不停地向法军的舰只投掷一枚又一枚的炸弹。英国在此次行动中表明了自己的决心。

火焰笼罩着这一片海洋，硝烟弥漫在土地上，黑乎乎的水面不知道充斥着多少惨烈的鲜血，浓烟缭绕着舰队，散发出令人窒息的气味。在长达10分钟的炮击之后，法军的战舰"布列塔尼"被炸毁，"敦刻尔克"号搁浅，"普罗旺斯"号冲上了沙滩，"斯特拉斯堡"号悄然逃走……

这一天，在朴次茅斯和普利茅斯港，英国海军又采取了一次出人意料的行动。他们夺取了所有停泊在港口的法国舰只，并对每一艘舰只都加以控制。而在不列颠，除了"苏尔古夫"号上有极少量人员死伤外，其余舰只都顺利移交。亚历山大港，经过长时间的谈判后，法国舰队司令戈德弗鲁瓦同意放出自己所有舰船上的燃油，同时卸掉大炮装置的主要部分，遣返一大部分船员。这是英国舰队司令坎宁进行得十分成功的一次谈判。

丘吉尔7月4日在下院中详细说明了为什么政府会被迫采取这样一项措施的原因。主要原因是由于法国自身，法国政府许下的承诺没有得到兑现，包括保证舰队不落入德国之手、保证将自己俘获的约400名左右的德国飞行员送往英国、保证不单独签署停战协定、保证将停战文本事先通知盟国，等等。

英国皇家航空母舰"赫尔米兹"号在7月8日向停泊于达喀尔的法国战舰"黎歇留"号展开了又一次的猛烈攻势。"黎歇留"号被1枚空投鱼雷击中，船体受到严重创伤。停泊在法属西印度群岛的法国航空母舰和2艘轻巡洋舰经过长时间的谈判，最终与英国成功达成协议，解除了武装。

这时的法国海军基本上已经全数溃败，他们的基础作战能力已经完全丧失，因此希特勒再也无法依靠法国海军来增强自己的实力了。

· 第四章 ·

背水 "一战"

第一节

德国空军的发展

毋庸置疑，希特勒是个将陆地视为根本的军事策划者，他始终抱着占领且守卫领地的想法。因此，人们总是习惯性地认为阿道夫·希特勒不喜欢空军，并且对战斗中的空中力量有所怀疑。这样的刻板印象虽然有些夸张，但也可以从侧面一窥德国空军的发展。制定统筹战略时，希特勒从不考虑军队的平衡性问题，如此一来，德国空军便只能成为德国国防军地面部队的一个附属物。对德国空军而言，它存在的唯一价值就是"清理道路"，为地面部队及坦克的顺畅通行服务。

在不列颠战役中，空军发挥着重要的作用。德国空军必须要独立进行作战，完成战略目标。希特勒并不喜欢指挥空军单独作战，因此对这场战役逐渐丧失了兴趣。

德国空军机群

德国武装部队在第一次世界大战之后，受到《凡尔赛和约》相关条款的限制，只保留了很少的人数，仅够维持国内治安，想要组织一支保卫国家领土完整的防御卫队都不可能。德国的军用战舰、飞机全都被禁止了，海军和空军彻底被解散。

因此，德国一直在试图打破这种限制。魏玛共和国时期，德国便已决定要回避这一限制条款的制裁。德国国防军的汉斯·冯·谢赫特，这位担任德国国防将军的领导，专门建立了一支秘密的德国空军队伍。他特别在国家空勤部挑选了一批优秀军官，共计180人，将他们培训为空军核心重要人物及参谋人员。

事实上，德国的飞机制造行业从未停止发展，他们将不少制造飞机的秘密基地设在国外，而有些则在民航公司悄悄进行。1926年，德国成立了汉莎航空公司，隐秘地进行飞机制造。该公司有深厚的政治背景，从纳粹党成功通过第一次选举那年开始，便专门为德国的军事活动进行掩护。这家公司的负责人是埃尔哈·米尔希，他原先在德国任空军军官。表面上，汉莎航空公司从事着民用航空的相关制造工作，但实际上它不但要对军用飞机进行设计，而且还设计能够对地面轰炸的民用兼军用飞机。汉莎航空公司在远程无线导航辅助设备方面有着重要研究，这是德国探路者部队在第二次世界大战时曾经使用过的KG100设备的前身。

德国通常就在这样环境下独立研发自己的空中军事装备，并且作了相当多的飞行演习。通常德国飞行员在民航飞机的掩护下，进行飞行任务，但随着任务的不断增多，最后甚至要用国家铁路巡查员的身份做幌子，在夜间进行飞行、轰炸训练。这使得德国飞行员获得了很多远程飞行的经验。

在1933年后，希特勒正式出任德国总理，他把国家航空部秘书一职交给了米尔希，而戈林则升为国航部长。不过，戈林本身还兼有很多其他工作，尤其是他需要扑灭反纳粹力量。因此，航空部的主要责任落在了米尔希身上。他和维福将军一同建立德国的空军基础队伍。希特勒于1935年3月27日正式对外宣布：德国拥有空军队伍。在官方为这支新队伍举行成立庆典时，戈林被任命为空军总司令，而米尔希则成为德国航空部部长，空军总参谋长一职由维福将军担任。德国空军成立不久后就开始对各种飞行学校以及警察、准军事组织正式接管，这其中还包括一个SA（纳粹党组织中的一个突击队）中队。

德国官方对外公布空军队伍总人数有2万人，飞机1888架，其军事力量完全可以与英国空军匹敌。不过这种说法有些夸张，事实上德国空军所拥有的大多数飞机不过是过渡型机种，甚至是教练机，而真正可以参加作战的飞机数量非常少。与此同时，希特勒表示要继续扩张德国的空军人数及装备规模，以保持与法国空军的力量对等。显然，德国炫耀武力的行为刺激了英法两国，他们也开始大力发展自己的空军力量。

德国中型轰炸机

米尔希的首个生产项目便有4021架飞机，它们用来部署为6个轰炸机、6个侦察机、6个战斗机联队（编队）；一个联队，包括3个大队，每个大队则包括3个中队。这些队伍作为"行动指导单位"，促使德国空军得到迅速扩展。从1937年开始，米尔希将空军的发展计划重心转移到战斗机上来。最开始，具有这种发展优先权的是轰炸机（此时轰炸机队伍已经成熟了）。不过，后来由于米尔希在权力斗争中受挫，该计划也被搁置。事实上，这种行为所引发的后果极为严重，绝不只表现在1940年这一年时间里。众所周知，米尔希最得力的助手就是德国空军总参谋长维福将军，他对于空军力量的洞察超乎常人。与此同时，他还有着极强的组织能力。在他的帮助下，空军发展计划的制订更加完备，其中包括一个相当重要的远程轰炸机（乌拉尔轰炸机）计划。远程轰炸机计划主要目的是大力生产一种可以对苏格兰北部地区，或是乌拉尔山脉进行攻击的轰炸机。要完成这一计划，需要预订容克Ju89c及道尼尔Do19型轰炸机（该机型是可装备4台发动机的轰炸机，其威力可与英国皇家斯德林轰炸机相匹敌）。

可是，随着维福将军的辞世，他所制订的那些远程轰炸机的计划项目都被轻易地取消了。这主要是因为那时候德军的战略家们都非常短视，对于不能马上看到效果的项目，他们是没有耐心等待的。以戈林为代表的技术部门领导者原本都是战斗机驾驶员出身，对于轰炸机的种种好处，他们完全不了解。此时，阿尔伯特·凯塞林接替了维福将军的总参谋长职务。最初，凯塞林是一名陆军军官，他被调至空军的时间并不长。因此，在处理空军事宜时，他难免会将与陆军相关的因素看得更加重要。另外，他并没有对维福将军留下来的远程轰炸机计划付出多少热情，相反却对战术空中行动大力鼓吹。这一切都归咎于戈林这个最高指挥官以及继任者凯塞林对战略形势的糟糕理解。

凯塞林自作聪明地对戈林提议，根据当时已有的工业制造能力，生产双引擎轰炸机更节省成本，因为生产2架4引擎轰炸机所需的成本就可以生产3架双引擎轰炸机。据说当时戈林对此提议颇为赞同，毕竟希特勒关注的是空军拥有多少轰炸机，而不是有多少台引擎。于是，维福所制定的容克Ju89c以及Do19计划便就此搁置。显然，这对英国来说是一个好消息。那些被搁置型号的飞机不但被视为无用之物，其原型机也都被拆解开来。当时"兀鹰"军团正不断打胜仗，这让空军气势高昂，目空一切。加之轻型战术轰炸机也在西班牙获得了胜利，所以人们根本不会关注维福计划项目实施与否。对于远程轰炸机漠不关心的人来说，他们认为"希特勒永远都不会让我们参加一场可能离开大陆的边界作战的战斗"，这其中的代表人物就是在第一次世界大战中担任首席飞行员的恩斯特·乌德特。

事实上，远程轰炸机在20世纪30年代便已经被很多人接受了，他们深信远程轰炸机将是赢取战斗胜利的关键武器。早在轰炸机计划项目推出之初，一些政治家对未来的战争已经做出了预测，那就是"远程战略轰炸

德军 Do17z 轻型轰炸机

机将一直是战争的决定性因素"。当然，很多人对这一结论不以为然。更多人已经认识到，在未来的所有战争中，远程轰炸机都会对城市居民造成"来自空中的恐怖"。可是，就在人们都认为德国空军将依靠远程轰炸机改变整个欧洲的命运的时候，德国空军的容克 Ju89c 和道尼尔 Do19 计划却被悄然搁置了。

米尔希的影响力及权力日渐增大（当时他已经成为德国元首在航空事宜上的主要顾问，而赫尔曼·戈林却要把全部精力放在警务方面）引起了戈林的嫉忌。很快，米尔希的职务被戈林罢免了，只给他留了一个国务秘书的头衔，其他头衔则分给别的官员。戈林为了让自己的地位更稳固，将很多第一次世界大战时的亲信提拔上来，这种不良的官僚作风让德国在日后付出了惨重的代价。米尔希认为，假如有一天戈林（或者是他的战略行为）产生了意想不到的严重后果，那自己将会成为替罪羊。所以，他向戈林提出申请，要求回原来的德国汉莎航空公司去工作。但戈林并不准备轻易把他放走，因为他的目的是让米尔希"自裁"。这样，米尔希的申请被拒，他甚至连退休的权利也没有。

截止到1935年，德国空军都一直保持着有序且良好的发展态势，规模逐渐扩大，技术上也慢慢走向成熟。德国空军正在变成一支出色的队伍。唯一要考虑的一点是，飞行员们还缺乏真实场景的作战经验，不过这个问题很快便得到解决。1936年，德国空军向西班牙派出85

名志愿者，他们要做的就是从德图安护送弗兰克外籍军团顺利到达塞维利亚。

施佩勒少将在 1936 年 12 月组建了"兀鹰"军团，接任参谋长的人是沃尔夫曼·冯·里希特霍芬。军团成员都是志愿者，包括之前坐"愉悦力量"号军舰抵达西班牙的一批飞行员，总共 370 人。"兀鹰"军团因为参与西班牙内战，从而大力扩展了队伍，他们作为一支半自治的空军，对弗兰克领导的队伍行动进行了有效支援。

西班牙内战让数百名的德国空军飞行员找到了训练场所，"兀鹰"军团将这些飞行员分班轮流送往西班牙战场。在这场内战结束后，那些参加过西班牙内战的"兀鹰"飞行员回归自己的队伍，从而将战争积累的经验悉数传授给其他飞行员。与此同时，德国空军还对适合新一代作战飞机的战术进行了改善与发展。比如俯冲式轰炸机同近距离空中支援的战术，这是由沃尔曼·冯·里希特霍芬总结出来的；而全新的、具有革命性意义的战斗机战术则由沃纳·莫尔德斯提出。事实上，后来很多在第二次世界大战中表现出色的战斗机飞行员都和莫尔德斯一样，他们都是在西班牙内战中获得的作战经验。

在"兀鹰"军团为弗兰克的队伍进行支援的过程中，其飞机近距离支援理念得到进一步发展，这使得战斗轰炸机对高空轰炸产生抵御能力，并且让俯冲轰炸机执行任务时更为精准，从而成为"准确炮兵"。但是，凡事利弊皆有，这样的空战模式让德国空军在其他重要领域的进一步发展受到制约，从而致使队伍对俯冲轰炸机过分依赖。另外，俯冲式轰炸战术更符合完全制空权条件下的战斗，当德国空军失去完全制空权时，该战术产生的作用也就大打折扣。所以，尽管德国空军在 1939 的战争中发挥了十分重要的作用，可到了 1940 年不列颠战役，则表现得不尽如人意。

空军领导人戈林被人们视为肥胖且女性化的人，他对制服的精美度过于关注，却不屑一顾现代战术及技术。不仅如此，他还特别爱邀功请赏。外界很难看清希特勒的这位手下的真实面目，只能用各种猜测描摹出大致的画像。

血色长空 不列颠空战

赫尔曼·戈林

戈林早期是一名观察员，后来因为受了重伤才被调往空军部队，从而成了飞行员。第一次世界大战爆发后戈林一路攀升，后来成了希特霍芬队伍的指挥官。

戈林初期曾领导过SA（纳粹党突击队伍），并于1922年成为纳粹党的一员。当纳粹党成功赢得选举，正式成为德国政府的执政党之后，戈林被NSDAP（德国国家社会主义工人党）欣赏并委以重任。因此，在1928年参加国民议会后，戈林迅速进入重要岗位，成为国民议会主席及航空部长、普鲁士首相。不仅如此，他还组建了盖世太保及集中营，很快就占据了德国第二权力人物的宝座。不过，戈林是一名瘾君子，史家普遍认为这是他在参加战斗时受伤所致（包括1923年发生慕尼黑暴动中所受的伤），伤痛让他对吗啡产生依赖。

戈林最大的缺点是懒惰、虚荣及腐败。戈林对德国空军的建设漠不关心，他把剩下偌大的队伍重建工作都丢给米尔希一个人。而且戈林还大量把自己亲信塞进空军队伍。

戈林作为曾经的战斗机飞行员，自然而然会对战斗机更感兴趣，同时他大力鼓吹空中战术支援，显然这样的战争模式更有"表演性"，更能让人情绪高昂。与运输机、物流以及空军力量等学术问题相比，他认为后者没多少乐趣可言。戈林好大喜功。对一切可以彰显自我荣耀，或者讨得元首欢心的事务，戈林都会自己亲自负责。但他所做出的决定从来都不根据实际需要，而是跟着直觉随意行动。

德国空军一开始就取得胜利将所有不足都掩盖掉了，哪怕这代价显得过于高昂。就在这个时候，处于极度兴奋中的希特勒早被空军在法国、低地国家不断胜利的消息蒙蔽了双眼，加之戈林的夸耀，他完全打消了可能失败的顾虑，而破例将帝国的元帅头衔授予戈林。

德国空军在不列颠战役中的失败，一方面，正如前面的分析一样，是由于其攻击英国的装备数量远远不够；另一方面，还有一个重要的原因，那就是戈林个人无法胜任战役指挥官。在这场战役中，戈林极尽全力夸耀自己的空军力量，且信誓旦旦地对希特勒表示：只凭空中战役就完全能将英国打败。而事实上，当该战役完全展开时，戈林根本不知道如何完成对希特勒许下的承诺，甚至心中都还没有形成明确的指挥方法。因而，直到英军全部于敦刻尔克撤离，戈林也没有找到其可进行攻击的薄弱之处。不仅如此，在对英国护航舰队以及海岸目标的进攻上，戈林也表现迟缓，这都为英国皇家空军提供了可乘之机。

即使到了7月16日，戈林还在向下属询问要怎样才能取得制空权。不仅如此，戈林的决策从来都是在自己房间中进行的。他的部下不得不重复往返他普鲁士官邸和法国指挥部，进而传递消息。这期间他只坐着装甲列车出巡过很少的几次，而真正去往法国指挥部时，已经是9月7日战役失败之后的事了。

开始，戈林准备与英皇家空军展开一场消耗战，所以采用轰炸机来诱使敌人上当。可英国皇家的上将道丁及少将帕克聪明地躲开了这一陷阱，他们在力求德国空军攻击成效最小化的同时，成功保持了自己的空中力量。"一种没有明确路线的作战方式，完全不符合逻辑。"这是马科斯·黑斯廷对戈林空军队伍战斗的评价。说得没错，戈林指挥下的轰炸机完全没有章法，他们不断快速更换轰炸目标，且从来不做轰炸效果预估。不仅如此，戈林的轰炸队伍对敌方重要目标缺少持续且集中的攻击，而且在轰炸取得成功之后，也不会对敌方重要的目标进行最大规模的破坏。

例如，德国空军对敌方工业城市考文垂进行攻击，并产生了一定的破坏性，该城市想要恢复正常秩序需要约5天时间。假如德军趁机再次对其进行轰炸的话，那该城市将会在很长一段时间内都难以恢复正常生产状态。可是，德国空军并没有这样做，而是在几个月的时间内都没有再次行动。

血色长空 不列颠空战

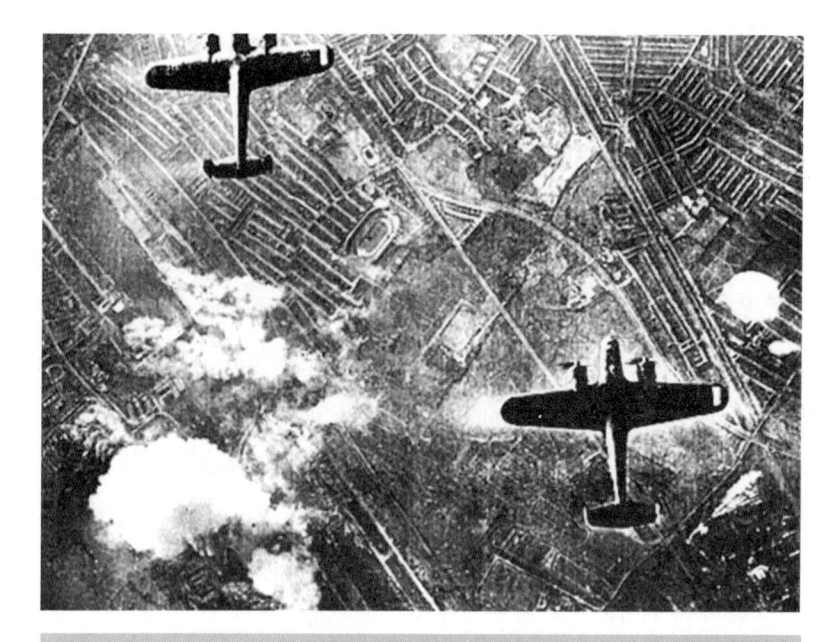

对伦敦实施轰炸的德军轰炸机

原本，戈林认为德国会在2—3周之内便取得全面胜利，但这显然是不可能的。过度的乐观让戈林对于决策者应该关注的重要问题从来不加理睬。费尔米将军认为，德国空军当时针对英国的打击只会产生"破坏性的效果"，但对整个战争来说则"收获甚微"。所以他曾在1938年就提出过，若想与英国作战，德国空军规模必须扩大，至少要有58个轰炸机作战单位，而且反舰航空联队精锐不能低于13个。盖斯勒将军在1939年也认识到这一点，假如不扩建德空军队伍，以已有的空军力量去对抗英国，想要获胜是不可能的。

当然，不列颠战役的失败也不能完全都归咎于戈林一人。有些人觉得，就算德国空军拥有比戈林好的领导人与指挥官，他手下那些人也很难出色完成任务。譬如说米尔希，他身上的担子太过沉重了，同时不喜欢的他人很多；再比如乌德特，从根本上讲，他根本不适合当时他所负责的那部分工作。同时，对赫尔曼·戈林来说，他的指挥官们在针对英国的作战策略方面也同样有所争论。当时，施佩勒主张全力攻击敌方港口及物资储存地，但凯塞林却认为要将所有力量都针对英国境内特定的目标上，其中需以伦敦为主，展开由外围逐渐缩进的攻击计划，包括直布罗陀与地中海。戈林确实可以对一些规则进行制定，事实上他的下属也确实在一个统一的计划下努力着。但是，如同我们前面分析过的，戈林的这一计划实在不够稳定，难以看到成效所在，同时德国的空军资源也不足以支撑这样一个计划。

第二节

"喷火"式战斗机

1940年"飓风"式飞机装上了20毫米的火炮，变成能在空中飞行的炮台。自战争爆发以来，这种飞机一直是英国皇家空军的主力。它具有坚固可靠等特点，但是同时也有三个严重缺陷：首先，它比"梅-109"的速度慢；其次，它的有效飞行的最高限度比"梅-109"低；最后，它还具有一个致命盲点，敌机可以利用这个盲点从上方偷袭它。

有一种"挑战"式飞机和"飓风"式大小相近，它修复了"飓风"式座舱后的盲点，尾部装有一部火力范围很广的4挺机枪的装甲炮塔。假如德国飞行员将这种飞机误认为是"飓风"式，从背后袭击，它就会给德国人吃一个教训。不过，一旦德国人学会辨别"挑战"式飞机，情况就不妙

皇家空军以及"飓风"战机

了。这种"挑战"式飞机因飞行速度和爬高速度较慢，缺乏灵活性，因此很容易受到攻击。

20世纪20年代初，超马林公司的天才设计师米切尔曾设计制造了超马林S-5型水上单翼轻型机，"喷火"式战斗机正是由此改良而来。在当时S系列水上飞机飞机因速度奇快，问世后立即代表英国参加了当时世界上最具权威的施奈德杯世界飞行竞速比赛。1927年，S-5型首次参赛，即以500公里时速夺魁。1929年至1931年连续3次参赛，次次告捷，创造了时速608公里的世界纪录，并将施奈德杯永久捧回了英国。

因此，在1936年3月5日，米切尔以S-6型机为原型机，设计出了"喷火"式飞机。这一机型的飞机飞出了554公里的时速，令人刮目相看。

在"祸水东引"的绥靖主义甚嚣尘上的年代里，"喷火"式战斗机的诞生有着不同寻常的意义。1938年9月，首批"喷火"式战斗机开始于皇家空军服役，编成飞行中队。此时，英国首相张伯伦正在德国慕尼黑与希特勒、墨索里尼进行着见不得人的政治交易，策划出卖捷克斯洛伐克，企图靠牺牲他国利益来避免战争，换取英国短暂的安定。"说实在的，大不列颠之所以能拥有堪与'梅-109'匹敌的战斗机，完全归功于少数有远见的皇家空军军官和爱国人士的努力。"战史学家亨利·莫尔说道。

"喷火"式战斗机也是英国第一种设计成功的、采用全金属蒙皮的作战飞机，它不仅布局和设计十分实用，外观漂亮，性能也极好。它装有一台世界名牌发动机，即英国罗尔斯-罗伊斯最新型PV-12水冷活塞发动机（"梅林"发动机），它的强大马力达到1030匹，带动一副4叶螺旋桨。它的机头呈半纺锤形（半椭圆形），因此机身正面阻力较小。发动机安装在带支撑架的防火壁上，背后便是半硬壳结构的中、后部机身。"喷火"式战斗机的最大特点，是采用了独特的椭圆平面形悬臂下单翼，这种形状的机翼设计与制造获得了最佳升阻比。加之其厚度相对较小，空气动力性能以及速度都得到了最大限度的提高。而且为了减重，机翼翼梁与前缘蒙皮组成封闭的箱形结构，增加了结构强度。左右机翼分别用螺栓与机身连接，并不贯通一体。机翼内用于贮藏燃油、安装主起落架和全部射击武器，翼下安装水冷却器。驾驶舱居机翼后、机身中央，配有半水泡型舱盖，视野良好。

由于"喷火"式战斗机的翼载较"梅-109"低，因此在与采用"高速进入，一击就跑"战术的德国战斗机进行格斗时，常能通过机动夺取攻击主动权，以达到保存自己、消灭敌人的目的。"喷火"式战斗机可以在战斗中迂回到"梅-109"飞机的侧翼或在混战中绕到"梅-109"的后面去进攻，这使它具有决定性的优势。在不列颠之战中与"喷火"式战斗机交过手的德国王牌飞行员（驾驶"梅-109"）奥斯特曼中尉曾说过："'喷火'式战斗机非常灵活，适合飞特技，翻筋斗、作横滚都很拿手，并能在做这些特技的同时进行射击。可把我们吓坏了。"当然，"喷火"式战斗机也有一个严重的不足，它的引擎没有注入燃料的功能，因此，当"喷火"式进行垂直俯冲时，容易突然熄火，常常造成机毁人亡。尽管如此，"喷火"式战斗机的飞行性能，在"二战"中一直维持第一流的水准，与同期德国主力机种"梅-109"相比，除航程、装甲、俯冲时的供油等方面略有不及外，在最大时速、火力强度，尤其是飞行机动性方面均遥遥领先。

第三节

"看不见的堡垒"

雷达是 20 世纪最伟大的发明之一,是军事科技辉煌的成果,更是英国空军在不列颠战役中出奇制胜的法宝。因此,英国的官员把他们的雷达系统叫作"看不见的堡垒"。

在 1940 年,雷达还是一个比较新鲜的事物。它不仅可以探明远距离的物体,还能通过分析这些物体表面反射回来的超高频无线电波,判断它们的方位和速度。雷达的使用,彻底改变了空战的面貌。

早在不列颠战役打响之前,英国的有识之士,苏格兰物理学家沃森·瓦特和航空部的科学顾问蒂泽德爵士就已经领导一批专家(其中有一些是从纳粹手下逃出来的难民),在整个 1939 年和 1940 年春致力于对英国各地已建立的雷达网的改进,以扩展它们的监测范围,提高清晰程度。

"二战"时期英国的雷达系统

据说当时的雷达站已经能够精确地测定在150英里以外升空的飞行物，这一消息使英国当局为之振奋。

"弗莉娅"是条顿民族传说中专门保护战死者的女神，也是德国人对雷达系统的统称。尽管德军将领们也认为这种设备在海上侦察中很有用，但他们没有意识到它在空战中的重要性。而且发展雷达系统的计划被交到了海军手中，导致其投入的研究和生产力量远远不够。

1939年春末，德军为了了解英军在雷达研究方面的进展，在英国海岸附近游弋。德军还派他们的大飞艇"齐普林伯爵号"飞过北海，但在记录英方雷达波的范围和频率时，由于飞艇下面的吊篮里安装的接收器出了毛病，飞艇上的飞行员什么都没听见。而英军的雷达监测员却正在他们的屏幕上跟踪"齐普林伯爵号"的信号，当他们确认德国人并没有发现任何关于英国雷达的信息时，不禁欣喜若狂。1940年夏，英国监测人员监测到德军飞机在被占领的法国上空的活动，并把这些飞机的活动报告给伦敦城外本特利修道院皇家空军战斗机指挥部的中心监测室。他们的空中监控范围从英吉利海峡沿岸的顶西端一直到北海，时刻不敢放松警惕。

本特利修道院是一幢18世纪的古老建筑，曾住过惠灵顿公爵和尼尔森勋爵之类的名流，虽是被人废弃的破房子，但现在作为指挥英国空军防御行动的绝密中心，它又获得了新生。当入侵的德国飞行员还蒙在鼓里时，监测室里早就有了"空军妇女后援队"的成员们根据海岸雷达站传来的报告，在雷达监视地区的巨幅测绘图上及时显示移动飞机的标记。监测室的一个观望台上，空军指挥人员可以看到他们下方那张巨幅的测绘图。就在德国机队从法国升空并开始爬坡时，"空军妇女后援队"的成员就着手在测绘图上移动标记了，与此同时，皇家空军的战斗部署也已经形成。德国空军参谋部的人员知道英国战斗机的飞行员是听命于地面指挥的，因此认为他们只能在各自的基地附近活动。德国人忽视了英国近来无线电通信设备方面的改善以及雷达操纵人员业务水平的提高。德国空军本来应当避免长期的预演性活动，直接对英国空军实施打击的。但德国人给英国人太多喘息的机会，让英国人从战争中总结出经验教训，这是德国空军战争

第四节

局势暂缓

不列颠空战正式打响之前，德军认为英国已无法组织有效抵抗：英国皇家空军已受到德国方面的重创，英国人的斗志也被极大消磨。不过，事实并非德国人设想的这样。

英国的战斗机的确在德国闪击法国的战斗中受到了重创。仅仅三天时间，英国皇家空军的 232 架战斗机就被击落了，随着战况加剧，战斗机被歼灭的数字也不断递增。法军希望英军投入更多的飞机参战，但英国皇家空军战斗机指挥部总司令及空军上将道丁警告丘吉尔这个问题十分严重。法国已经没有被挽救的希望，如果继续向法国发出更多的飞机，无论是英国本土还是法国，英军都将失去空战能力。这种援助一个已经战败国家的政策，被道丁称之为"浪费"。他请求把皇家空军的战斗机留在国内，以应付英国即将面对的苦战。

5 月 16 日，在英国的一次内阁会议上，道丁带来了一张图表，显示了皇家空军迄今为止在战争中受到的损失。"如果继续让战斗机到法国去冒险，这条代表英国空军战斗机数量的线马上就会降到零。"道丁警告，"在法国的失败会使英国的资源遭到不必要的浪费，直至全面拖垮英国。相反，如果有一支兵力被保存在英国本土。在皇家空军损失还不算太大的情况下，我们也可以单枪匹马地坚持一段时间，即使这种坚持最终是无效的。"

希尔·道丁，被称作皇家空军的"古董"。当然这个绰号并非是由于原则上的错误。

从7月10日黎明到8月12日黄昏，德国飞机几乎每天都在海峡上空突袭运输船只。然而在兰兹-恩德角到努累的一段航线上，5周只有3万吨船舶被飞机炸沉，实际上这段航线每周的航运量几乎达到100万吨。在这34天里，英国战斗航空兵昼间共出动18000多架次，平均每天约530架次。在昼间战斗中，英国战斗航空兵仅损失飞机148架，其中近半数是在8月第2周的3天之内损失的。

然而英国并不处于战争中的绝对优势，尤其是英国在防空系统方面，的确存在一些缺陷。除了某些技术装备上的不足之外，雷达操纵员有时不能可靠地报出敌机的数量和高度，各个作战大队也不能够派出足够多的兵力去迎击敌机。这主要是因为雷达荧光屏的显示混乱或显示情况不完全造成的。德国来袭的敌机在飞越海峡时可以很快地爬高，即使雷达站报来的最后一个数据是精准的，但是大队的指挥人员也难以肯定敌机就是在原来的那个高度上。他将会采取比较保险的办法，即命令英方的战斗机飞升比敌人高得多的高度，以减少遭到敌人攻击的危险。但是在多云的天气条件下，这样做的结果有可能导致直接错过对德军的攻击机会。

他的作战思想古板，而是因为他极其规律的生活方式。道丁没有喝酒的习惯，作息正常，几乎没有冲动莽撞的时候。虽然他是第一次世界大战时西线皇家飞行军团的老兵，但从来没有人因为他是"持操纵杆那一代"的遗老而嘲笑他。他一直比任何人都积极地推动英国空军的现代化，多年来也一直在为英国空军能够拥有最先进的战斗机而奋斗。他曾强硬地要求航空部给新式飞机装上防弹挡风玻璃，因为这事关每一位飞行员的安全。

由于道丁的坚持，英军飞机没有再被派往法国，而是留在英国本土保护往返英吉利海峡的救援船只不被德国空军袭击。英国皇家海军经过数次鏖战，损失惨重，共有106架战斗机损坏，75名飞行员牺牲。算上5月10日闪电战开始以来的其他损失，皇家空军的战斗机数量减少了将近25%。当最后一批船于6月5日从敦刻尔克回到英国港口时，英军只剩下466架战斗机可以服役，另外备用的战斗机仅有36架。

可以说此时占有较大优势的是德国空军，尤其是数量上的优势。德国空军如果在这种形势下同英国作战，胜算要比往常大得多。但是，皇家空军却因为一些原因意外地获得了喘息的机会。

首先，希特勒没能及时进攻英国，这给了英国人恢复的时间。用兵的基本原则是"乘胜追击"，如果德军在占领法国后能够利用这一原则，立即发动对英国的全面入侵，不仅可能会将皇家空军一举打败，而且有可能彻底占领英国。不过由于东线战略，希特勒没有这么做，所以英军利用这段时间整顿了军队、恢复了士气，在加强训练后充分做好了各项准备，以抗击德军海上的入侵和空中的进攻。

其次，出生于加拿大的报刊发行人、61岁的实干家比弗布鲁克受命负责英国的飞机生产计划。他提出了每周工作7天不停歇的工作模式，振兴了英国的飞机工业。

比弗布鲁克

比弗布鲁克不放过任何潜在的原材料，为了收集飞机必需的铝，他向英国的妇女呼吁把家中含这种金属的物品都拿出来，于是铝锅、铝盘、铝水壶以及吸尘器和浴室设施被大量回收。敦刻尔克撤退后的那几个月里，英国工人用这些材料为皇家空军制造了446架新的战斗机，比德国空军生产的战斗机至少多出100架。除此之外，加拿大和美国的飞机也被陆续运到了英国，使英国空军飞机的数量得到了补充。

由于这两个原因，德国打垮英国的最佳时机彻底丧失了。

英德双方的空军在1940年7月率先摆开了决战的架势。

共有3个德国空军部队的航空队参与空袭英国。凯塞林元帅为第二航空队司令，司令部就设在比利时的布鲁塞尔附近，负责英国东南部的广大地区的突袭行动；斯比埃尔元帅为第三航空队司令，司令部设在巴黎市郊，负责英国东南部地区的突袭。在比利时、荷兰和法国北部的德军第二、第三航空队共有1232架轰炸机、406架俯冲轰炸机、65架远程侦察机、1095架战斗机。挪威的第五航空队有138架轰炸机、48架远程侦察机、37架战斗机。

英国皇家空军是参加抗击德军空中进攻的主力，拥有4个航空队。布兰德空军少将作为第十航空队司令，管辖着下属的4个中队，有48架战斗机，主要保护英国的西南地区；帕克空军少将为第十一航空队司令，下属管辖22个中队，有228架战斗机，负责保护英国的东南地区；利马洛里空军少将为第十二航空队司令，下属管辖着14个中队，有168架战斗机，第三和第十一航空队以北的中部地区由他负责；索尔空军少将为第十三航空队司令，下属管辖14个中队，有168架战斗机，英国的北部由他负责。英国目前共有648架战斗机。

为了确保"海狮计划"的实施以及顺利夺取制空权，戈林和顾问们将进攻英国的空中战斗分了三个阶段进行。

在英吉利海峡上空进行的第一阶段行动，目的是击沉所有来自英国的商船，打击皇家海军的基地及设施，将皇家空军战斗机消灭，避免敌方阻碍己方的行动。

通过战斗机和庞大的轰炸机综合闪电战来大规模地进攻英国空军是第二阶段的任务。其目的是要摧毁皇家空军的机场、防御工事和飞机制造厂,使英国空军陷入瘫痪。

最后一个阶段,也就是第三阶段,德国空军将掩护"海狮行动"的实施,英伦三岛由帝国的混合武装占领。

戈林同助手预计,征服英吉利海峡的第一阶段作战不会太困难,用不着浪费第二、三航空军队的力量。因此,他们考虑使用另外两个飞行队,一个是来自加来多佛尔海峡基地的洛泽将军所领导的飞行中队;另一个是来自勒阿弗尔基地的由里希特霍芬将军指挥的飞行中队,德国俯冲轰炸机的头号专家就是他。

德国空军将领表示,封锁三十多公里宽的多佛尔海峡是第一阶段中最易得手的部分,所有从大西洋驶来的英国船队都必须经过这里才能进入伦敦港。洛泽将军的部下芬克上校接到了封锁多佛尔海峡的任务。

不列颠大空战的序幕在1940年7月10日拉开了。

因为大西洋北部低气压的影响,7月10日,英格兰岛的大部分地区都开始下着大雨,乌云密布、小雨连绵的只有紧挨英吉利海峡的东南部岛屿和多佛尔一带。中午的时候海峡上空云雾掀开一角,偶尔出现一片晴空。一只英国大型沿海船队航行的情报被飞行在海峡上空的德国侦察机发现,这支船队正从福克斯顿驶往多佛尔,英国战斗机护旗在船队上空飘动着。德军在得到英国船队航行的情报后,不顾乌云密布的天气,派出轰炸机20架、单发和双发战斗机40架迅速升空。机群在空中组成了一个完整编队后扑向英国海岸。发现德军飞机的英国船队立即散开并全速前进,密集火力的高射炮也从船上射向空中。

落海被营救的英国皇家空军飞行员

德军的20架轰炸机和40架战斗机迅速升空向英国船队扑去。

德国飞行员在升空后不久就看到了英国船队。船队犹如蚂蚁一般相距很远，船尾一条条细细的水纹微微扬起，6架皇家空军的"飓风"式战斗机正在为他们护航。

英国船队此时也发现了德国来袭的飞机，飞机立即散开跟随护航军舰急速前进。射向空中的密集高射炮爆炸开来，在德军飞机周围形成层层硝烟。

英国空军第三十二中队的6架"飓风"式战斗机担任着掩护船队的任务，它们在希尔的率领下迎了上去。不过当庞大的德机阵容出现在他们面前时，他们不禁大吃一惊，他们发现德国飞机以立体阵容分为三层，一层近距离支援的"梅—110"战斗机在20架轰炸机上面，更高一层的是"梅—109"战斗机。

希尔面对强敌毫无惧色，各机长接到了他的命令："高度要保持，遇敌要隐蔽。"

一片积雨云恰好出现在英军战斗机的前方，于是英军飞机巧妙地进入云中隐蔽，躲过了20架德国战斗机群，然后继续向敌军飞去。3架"飓风"式战斗机直扑德军轰炸机，还有3架向"梅—110"加速冲击，掩护队友，避免他们遭到袭击。

德机在缠住皇家空军的间隙，趁机开始了第一轮投弹，一个个水柱在商船周围炸开。

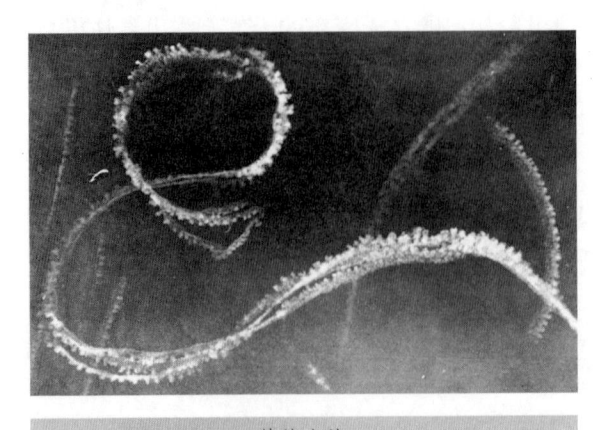

英德空战

德国轰炸机也遭到了来自英国海岸的高射炮射击，但由于在射程之外，基本上没起什么作用。

德国轰炸机进行第二轮轰炸前开始绕大圈，因为德国轰炸机在第一轮轰炸行动中只投掷了百分之五十的炸弹。

此时大批德军战斗机冲向英军,眼看英军飞机就要陷入德机的包围之中。此时,天空中突然又出现了几支英国皇家空军的战斗机中队。

原来,德国战斗机刚起飞就被英国雷达监测人员发现,监测人员及时地向设在本特利修道院的战斗机指挥总部做了报告。

附近战区的4支皇家空军中队的飞机接到指挥部的命令紧急起飞,在多佛尔海峡上空会合,为船队护航的6架"飓风"式战斗机增加援助。

在激烈的混战中,英德双方的战斗机辗转翻滚,机枪的射击声、发动机尖利的吼叫声和高射炮弹的爆炸声连成一片。

德国轰炸机在英国战斗机的驱逐下惊慌失措,仓皇投弹,海面上溅起了一股股冲天水柱。

不到30分钟,这场战斗就结束了。德军在战斗中损失了2架轰炸机,还有2架战斗机被击落,数量上不占优势的英国皇家空军仅损失了3架战斗机,另外一只小船被击沉。

这一回双方初次交战,被英国一位史学家形容为"轻松的战斗",英国人向来都很幽默。而更富诗意的是第一个发出警报的德国飞行员,他写道:"远远望去一场壮观的激战,飞机就像一串串葡萄。"

显然英德双方都满意自己的表现:英国人自豪的是他们的协同配合作战,而德国人则满足于吸引为数众多的英军敌机。德国人认为,英军越是更多的飞机被吸引出来应战,它们就会被消灭得越快。

第五节

激战蓝天

7月11日这一天，英吉利海峡的天空并不平静，德国空军与英国空军展开了殊死搏斗。空军引擎的轰鸣声激荡着英吉利海峡的海水，溅起汹涌的浪花。一场恶战即将来临。

大雨倾盆的早晨，伴随着"飓风"式飞机引擎的轰鸣声，中队长汤森德代表英国皇家空军第85中队驶入云层。3000米高的云层中，正有一架刚刚在英国港口投下10枚50公斤炸弹的德国轰炸机驶过。皇家空军的空中管制官指挥汤森德中队长的飞机前去拦截。德军轰炸机的驾驶员们正得意洋洋地高歌着"再会强尼……"，他们对这次突击感到非常满意。

滂沱大雨中，挡风玻璃一片模糊，汤森德几乎什么也看不到，他不得不打开座舱罩，把头暴露在风雨中寻找敌机的动向。

"注意，猎人！"德军机枪手停止唱歌，提醒同伴。与此同时，"猎人"汤森德也发现了在他左下方不远处的德军轰炸机。

汤森德压低飞机头，直直向德军轰炸机扑过去。

英军战斗机显然很有威慑力，德军轰炸机急忙应战。

汤森德瞄准德军轰炸机，按动机枪射击按钮，雨声和枪声混杂在一起，场面变得十分混乱，汤森德很久之后才停止射击。

几百发子弹一齐射出，"飓风"式飞机上的勃朗宁机枪余温尚存，德军轰炸机被击中了。

德军轰炸机被打得措手不及，驾驶员被子弹击中。空气中弥漫着浓烈的血腥味和战斗后的火药味。

有一位德军机员后来回忆时说:"那架轰炸机被汤森德打中了220颗子弹,但仍然飞回了阿拉斯,生还的驾驶员还庆幸地数着机身上的弹孔,他们都感到自己非常幸运。"由此看出,德国轰炸机能够承受得住大量的枪弹攻击,尤其对小口径子弹耐受程度很高。这种飞机之所以这样结实,是因为轰炸机有装甲保护,重要的部位更有双重装置保护。更重要的是,它有自封油箱,在油箱基本的结构中,加入了一层生树胶,当油箱被击穿而漏油时,生树胶立即溶解、膨胀从而将漏孔密封。这次的战斗也证明了这种装置十分有效,让受损严重的轰炸机安全返回基地。

与德军轰炸机相比,汤森德就没有那么幸运了,他不仅未能击落德军轰炸机,飞机的冷却系统还被意外地击中了。当他距离英国海岸仅剩35公里时,发动机终于停止了转动。汤森德不得不跳伞,被一艘拖网船在水雷区捞起。

在汤森德驾驶的"飓风"式战斗机起飞后不久,另一名赫赫有名的皇家空军中队长也奉命起飞,他就是贝德。在战前,贝德曾是一名优秀的战斗机飞行员,但在一次意外事故中,他失去了双腿。战争爆发后,他又被批准加入英国空军,参加战斗。

早晨七点钟,飞机场附近疏散区的小屋中传来电话铃声。贝德得知,一架德军飞机正沿着海岸线靠近英国海岸。指挥官希望贝德能够驾驶"飓风"式战斗机拦截它。贝德凝视着天空,望着一片片的低云,他判断出"飓风"式战斗机无法编队飞行,便果断决定"单刀赴会"。

与贝德交战的是德国第261气象侦察队的轰炸机。这架轰炸机来头不小,它曾击落两架英国"喷火"式战机。其中一架是皇家空军第66中队的中队长驾驶的,德军轰炸机打中了它的油箱。面对这样的德军王牌飞机,贝德毫无惧色,决心为英国皇家空军报仇。贝德经过仔细地搜索,终于发现了德军轰炸机。他借着云层的掩护,悄悄接近了德军轰炸机。

贝德与轰炸机的距离越来越近,在距离德机只有300米的时候。德机依然没有发现贝德这个巨大的威胁。贝德沉住气,继续向前推进。当距离

血色长空 · xuesechangkong ·

不列颠空战 · buliedianokongzhan ·

激烈交锋

德机仅剩250米时，德机发现了贝德，于是猛烈地向他开火。

贝德趁着德机转向时，从容不迫地射出两梭子弹。

德机向上拉升，突然钻入云层。

贝德飞向基地，一边咒骂德机，一边报告敌机逃逸。

但没过多久，电话里传来敌机坠海的消息。贝德既兴奋又谦虚地说，这得益于幸运之神的帮助。毫无疑问，这场战斗，彰显了贝德精湛的技术和丰富的经验，因为仅凭运气是无法战胜王牌轰炸机的。

7月28日下午两点，连续的疾风暴雨终于退去，天空再度放晴。当英国人正在餐桌旁进行周日午餐仪式的时候，突然传来一个令人震惊的消息：英德两军的空战王牌在战斗中遭遇了。

英军空战英雄"水手"马兰来自南非，他对于英国空军的战术及战术队形的发展有着非常重要的影响，同时也是同盟国中几位积分最高的空战英雄之一。

马兰在南非威灵顿出生，有着魁梧的身材和和蔼的面容。不过他和蔼的面容背后却隐藏着对德国人的深仇大恨。他曾经对他的伙伴说："重创敌人轰炸机，让他们死在返回基地的路上，比直接击落他们更让人痛快，因为这样能更好地打击德国空军的士气。"马兰也正是这样做的。

马兰在 1935 年志愿加入英国皇家空军之前，是一名商船官员。他的飞行教官说，他天赋异禀，是当飞行员的材料。果不其然，在短短五年后，他已经是作战部队的一位飞行小队长。

这一天与马兰交战的，是德国战斗机飞行员中的厉害角色莫德斯。莫德斯是首个获得德国空军铁十字武士勋章的人，在 29 岁之前，他已经被擢升为"战斗机将军"。

7 月 28 日 4 个中队的"梅 -109"战斗机在莫德斯的带领下，开往英吉利海峡。

与此同时，英国战斗机司令部在了解德军动向之后命令以"喷火"式战机迎战莫德斯的战斗机，用"飓风"式战斗机对付德军轰炸机机群。

马兰作为"喷火"式飞机群的领队，在接近德军机群后，果断出击，瞄准敌机猛烈开火。很快马兰驾驶的战机击中了莫德斯的战机，莫德斯仓皇逃离，最终拖着伤腿捡回一条命。

第六节

空中的较量

自西班牙内战以来，德国飞行员的战术技术水平就有了很大的提高。

他们非常擅于发现敌军弱点，洞察敌军的弱点，并且各战斗机之间相互配合十分默契，还有着很强的纪律性。

"所有空战的首要原则是先找到敌机，然后要像猎人一样死死盯住猎物，最后神不知鬼不觉地移动到最有利的位置上将其捕杀。"德军"秃鹰军团"的阿道夫·加兰一针见血地指出战斗中的要领。

而英国皇家空军飞行员的技战术水平整体表现却不尽如人意。英国皇家空军的队形，在飞行的表演中煞是好看。他们为了使飞机保持密集的队形，小心翼翼地驾驶着，将机翼挨着机翼，飞得很密，但是一旦放在实战中，就很容易陷入被动挨打的境地。因为他们相互之间的间隔很小，没有地方挪动，机动也很困难，还要照顾到前后左右，根本就没工夫去寻找周围的敌机。

相比之下，德国的战斗机编队在西班牙作战时就学会了以松散的队形飞行。他们的每架飞机视野和活动范围十分开阔，可以自由地采取行动发起进攻。而且，各架飞机在作战中也可以相互保护。

仅仅是在7月11日到20日这10天的空战之中，英国皇家空军就已经损失了50架战斗机。如果一直按照目前这个速度损耗的话，很有可能大规模的空战还没有开始，皇家空军的情况就会变得十分危险了。

虽然英国皇家空军在这一阶段里面，也击落了德国空军的92架飞机，但其中只有28架是空战能力很强的"梅式"战斗机,其他都只是轰炸机而已。

7月20日,对英国皇家空军而言是一个令人难忘的日子,有6位皇家空军的飞行员身亡,这是开战以来皇家空军飞行员损失最大的一天。

英国皇家空军在遭受了一连串的损失之后,进行反思,放弃了密集的队形,并开始吸收德国空军的许多做法,尝试新的战术。

最终皇家空军创造出了"四指"队形。它一改以往的表演式队形,在空战中取得了不错的效果,这个名称的由来,主要是因为它外形就像一只张开的手,每架飞机各在一个指尖的位置。

飞行员不仅对皇家空军而言十分宝贵,对德国空军来说也一样。众所周知,培养一个合格的飞行员远比制造一架飞机难得多;当那些原本可以救活的飞行员溺死在大海中时,士气也会严重挫伤。因此,英德双方都花了大量人力、物力来搜救落水的飞行员。

但是营救落水飞行员,远不如想象的那么简单。为了实现各自利益的最大化,英德双方不得不钩心斗角。德国人派出有红十字会标志的海上飞机,明目张胆地穿过空中战场,停在水面上救援本国的飞行员,然而同时

英国皇家空军飞行员

血色长空 不列颠空战

也抓捕英国皇家空军的飞行员,这让英国人感到十分气愤。英国严肃地对外宣称,往后只要看到这种有红十字标记的德国飞机,不管真假与否,一律击落。英国方面表示,这是在德国人率先违反国际红十字会协议的后果。

为了营救坠落在海峡中的飞行员,英国官方派出了大量摩托艇和海峡沿岸港口的小渔船。这些船只是专门为营救飞行员准备的,在这方面英国付出了极大心血。

在后续几次交战中,德国空军接连失利。皇家空军的飞行员一次就击落两三架"梅-110"。最主要的原因是,德国为了在交战中获得更大的优势,投入了双引擎的"梅-110"飞机。这种飞机因行动笨拙更容易被捕获。之后它们为了增强防御能力,又以圆圈队形飞行,结果却像是波尔人为抵挡祖鲁人进攻而摆的圆形阵势一样可笑。德国战斗机因为这种飞行阵势而成了容易被击中的靶子,同时这也不利于完成保护轰炸机的基本任务。

不列颠上空的"鹰"

虽然这几次德国空军失利了,但他们很快就发现了皇家空军的弱点:"挑战"式飞机与"飓风"式外形相似,它们的炮火却是向后的,没有向前方发射炮火的装置。所以只要在恰当的时机从正面攻击,就能轻而易举将其制服。7月19日,9架"挑战"式飞机从前线机场起飞后,遭遇了德国的20架"梅—109"。其中5架"挑战"式飞机即刻被德国战斗机击落。第6架飞机侥幸逃离,却不幸在熊熊火焰中坠毁。

英德双方的空中鏖战愈来愈激烈，每天几乎12小时以上的时间都处于戒备状态。在肯特、萨西克斯、汉普郡等海峡沿岸战区，英国皇家空军一天要执行4次飞行任务，每次侦察一个半小时已经成为常态。而德国空军的战斗机和轰炸机飞行员，一天起飞3次；"施图卡"飞机的飞行员一天起飞2次。

战斗机的短距离交战异常激烈，虽然每次仅仅持续十几分钟，但也已让人惊心动魄。英国民众通过广播公司的通讯即时了解最新形势。媒体的报道使普通人即使不能亲临现场，也能感受到战争的激烈。群众往往焦急地等待战争结果，希望自己国家的军队取得胜利。

从情报专家传来的消息来看，空战似乎是按照德国人的计划进行的，因为皇家空军的指挥官为了拼死抵御入侵的先头部队，正在把他们所有的战斗机投入海峡上的战斗。虽然情况有利于德国人，但戈林仍然放心不下，他要求凯塞林和斯比埃尔两位元帅竭尽全力引诱更多的英国飞机升空，阻断英国人的后备力量。

阿道夫·加兰是一位空战经验十分丰富的德国飞行员。7月下旬的一天，有一些新的飞行员来到了队里。加兰为了让他们迅速进入战斗状态，便提供新飞行员们一次战斗的机会。这次加兰独自驾驶他的"梅-109"起飞，又一次采用他那套狡猾的战术，希望能够引诱英国人莽撞行动。

在飞过英吉利海峡时，加兰发现有一队皇家空军的侦察机正在进行例行侦察，于是立刻就想到要引诱这些英国人上钩。于是他在英国侦察机的火力射击范围之外转来转去，果不其然，一架英国侦察机离开机队向加兰追了上来。

加兰见英国人上钩了，便小心翼翼地与追击者保持一个合适的距离，接着他马上调转了方向，向法国海岸飞去。与此同时，他也用无线电通知他的两位飞行新手准备出击。随后，这两位新手便在法国的上空中等待着目标的出现。

英国皇家空军的空中英雄迪尔驾驶着"喷火"式飞机，紧追着加兰的"梅-109"一直飞过了海峡。当他飞过了海峡后，发现德机一头朝下，飞向加莱马克机场，这时他才发现情况有所不对。因为加莱马克机场是德国空军一个战斗机基地。这时，迪尔十分懊悔，觉得自己是个傻瓜。他迅速将加速器开到最大，贴着海面往英国飞，但是加兰调来的两架"梅-109"早已向迪尔轮番攻击了。他们各占一边，迪尔只好朝着其中一架飞机猛拐过去，并在他们重新组队的空档里，赶紧掉转机头向英国飞去。

虽然在这一次的激战中，迪尔飞回了英国，但是当他看得见多佛尔的断崖时，才发现自己的手表被打掉了，他前面竟然根本就没有觉察。飞机的仪表板、座舱盖和油箱也被一架"梅-109"击中。最后皇家空军及时赶来救援，赶走了那两架"梅-109"，而迪尔的"喷火"式飞机却早已燃起了大火。

飞机冒着浓浓的黑烟，随时都有可能会爆炸。在这种危险的情况下，迪尔操作飞机翻转过来，并带着降落伞跳出了机舱。不幸的是，在脱离机舱的时候，他的手腕也被折断了。

在迪尔最危险的时刻，有一辆皇家空军的救护车刚好就在他的落地点附近。车上的医护人员及时救治了他，由此，迪尔才得以死里逃生。但是，其他英国飞行员却没有像迪尔这样幸运，他们都跟着飞机一起坠落，葬身大海。"我要活着的飞行员，而不是死去的英雄。"眼看着飞行人员的不断损耗，英国空军上将道丁非常忧虑。他下令，让自己手下各大队指挥官不要为了一场近距离激战就把飞机派上天去，也不要让飞行员在英国海岸的滑翔距离之外追赶敌机。

道丁为了让飞行员的损失降到最低，便致力于向飞行员们提供更加准确的空中

飞行员跳伞

情报。他指示雷达部队加强侦察和监测。但是，雷达虽然可以准确地指出敌人离他们有多远的距离，但常常低估了敌机的高度，这样的误差甚至会达到1500多米。于是，在往后飞行员收到雷达侦测的敌机飞行高度时，就将这个高度至少再加1500米以上，这才有效防止了来自头顶上的攻击。

德军在雷达情报方面的经验是严重不足的，他们没有英军这样精密的技术。因此他们在投入战斗时，接到最后的指示居然是两个小时以前的，而英军却可以通过耳机不断地接到最新指示。这让德军战区指挥官非常沮丧。

英军的雷达优势短期之内很难超越，因此德军决定采取战术上欺骗的方法，专门对付英军的雷达侦测。德军会派出大量的飞机进行佯攻，而英军则会因为从雷达屏幕上看到众多的飞机活动信号而感到威胁，以为是德军在进行大规模的行动。英军飞机被派往空中与德国空军周旋，德国空军此时却并不打算攻击英国人，而是用这种方法消耗英军飞机的燃料。德军的飞机以车轮战的方式不断耗费英军的力量，最终英军飞机因为燃料耗尽而无法抵御德国战斗机的进攻。

英国皇家空军了解了德国制定的战术后，也采取了对应的措施来瓦解德军的进攻。皇家空军知道，"喷火"式和"飓风"式飞机会在英国内陆的基地和海峡附近的前线机场之间穿梭接力，飞机在内陆基地时，敌人的战斗机不易到达，在前线机场时英军则可以等到最后的时刻起飞。这种新的方案有效对抗了德军的消耗战术。

7月的交战即将结束后，戈林从下属手中收到一份又一份关于英国皇家空军伤亡数字的不实报告。根据报告上的数字，英国空军损伤惨重，英吉利海峡也被德国空军封锁。戈林就此认为不列颠战役的第一阶段已经打赢。

事实并不如德军纸面报告的那样，相反，英国空军在这场战役中反而得到了一定程度的发展。首先，在7月底的时候，皇家空军的前线战斗机比月初时还要多。一个月之内496架战斗机就被英国制造飞机的工人生产出来，这个数量是敦刻尔克撤退之前一个月生产量的4倍。还有沿海岸航行的英国船队仍在海峡行驶，英国人的力量并没有受到重创。

第五章
计划受阻

不列颠空战

第一节

"鹰日"计划

7月19日，希特勒在国会上发表了一番针对英国问题的讲话。在演说开始之前，他并没有让戈林看他的演讲稿，这件事令戈林感到不悦。但是很快，希特勒就正式宣布授予戈林帝国元帅的任命。这至高的荣耀立刻让戈林将他的不愉快抛诸脑后。作为帝国元帅，戈林已经成为欧洲乃至全世界级别最高的军官。这次任命后，希特勒又宣布授予其余12人元帅头衔。

德军商议"鹰日"计划

在被授予帝国元帅头衔的第二天，戈林就邀请同样获得元帅头衔、兴致与他一样高昂的凯塞林和米尔希两人一同到卡琳庄园内共同探讨对英国的空战计划。戈林在与二人的交流中透露出，由于英国拒绝接受希特勒所提出的和谈条件，元首将指挥对英作战的权力授予他，最近一周内德国空军部队就要开始对英国进行一番战略性轰炸。他下令德国空军将英国的商船也列为攻击的目标之一，甚至扬言道，"将以激烈的进攻扰乱其整个国家"。但是戈林并没有提及行动的具体方案，最后的决策还是得等希特勒敲定。

英国外交大臣哈里法克斯代表英国政府在7月22日正式发表公开谈话，讲话中明确指出英国绝对不会接受希特勒所提出的和谈条件，并且英国人民坚决向全世界宣布，他们一定会跟德国纳粹分子血战到底，赢得胜利。在这种情况下，跟英国人作战的有关事宜便被提到了德国人的议事日程上。然而德国的海陆空三军都没有考虑出"海狮计划"的具体的实施方式。希特勒要求德军统帅部加快研究进度，然而还是迟迟未能得出一个有实战性操作意义的方案。最终希特勒只能宣布，他决定再观望一下，看看之前为期10天的空战效果。

可惜的是，这场猛烈的空战并没有带来希特勒与戈林希望看到的结果。希特勒在行动方面对德国空军做出了较为严格的限制，比如禁止德军在夜间轰炸、禁止轰炸民用目标、禁止轰炸伦敦，等等。这一系列的限制使德国空军束手束脚，无法展现出如戈林所说的那种"真正的力量"。戈林知道这是希特勒在战略上犯下的一个错误，但是他没有勇气同希特勒争辩。而且他自己也有极力掩饰的缺陷——作为主战飞机的双引擎"梅-110"和"梅-109"战斗机，在空中进行格斗的机敏性能以及携带燃料的能力都实在是令人失望。更加让人感到沮丧的是，戈林发现英国空军在经历一系列的战斗之后非但没有被摧毁，其作战能力反而日益增强。他本来希望利用德国空军数量上的优势将英国的战略目标一举摧毁，给英方造成不可挽回的毁灭性打击，可希特勒一直要求他们等一等，再看一看局势。就在这等待与犹豫的过程中，英国空军的力量迅速壮大。

7月底，戈林非常得意地将自己统计的战果报告交给希特勒，请求下一步行动的准备力量。希特勒看到统计的战果报告后喜形于色，认为戈林的能力是可靠的。他随即作出一个令戈林欣喜若狂的决定，也就是8月1日的全面袭击英国空军的第17号战斗命令：

为了能够对英国造成一击致命，我决定加强对英国本土的海上战争和空中战争。为此，我命令：我国空军力量应动用我们所有的兵力，以最快的速度将英国空军打垮。我方空军的攻击目标首先应该针对他们的飞机和空军地面部队心脏补给系统，同样的，英国的航空工业及生产高射兵器的工厂也是我们的重点打击对象。一旦在战争中我们占了上风，处于空中优势地位，那么我们的空战力量应该迅速转往他们的港口，尤其是要针对他们内地的给养机构及给养中心。联系到我们即将实行的计划，我们对英国南部海岸的港口及海港的袭击仍然应该保持连续，不能够中断。为了方便我们的上述指令能够有效地得到实施，发挥出它们最大的作用，对英国军舰和英国商船的空袭应该保持在必要的最低限度内。但假使出现了更加有利的机会，或者上述第2条规定的作战胜利能够得到巩固，又或者认为这一方向的袭击对于将来参战的轰炸机机组人员能够达到一定的训练作用的话，就另当别论了。

在这场被强化的空战过程中，空军力量始终应该为海军的攻击提供强有力的支援，尤其是在他们攻击临时发现的有利目标时。并且，全体空军人员必须尽自己的最大努力来支援"海狮"行动。而以造成民众恐慌为目的的轰炸行动必须留到最后，我们一定要留有底牌。同时，我也保留作为报复手段的恐怖性袭击的决定权。

这场空战最早是在 8 月 5 日发起的，但是具体的行动日期还要等待空军的将领来决定，这有赖于空军筹备工作的完成速度以及气象因素。

与此同时，海军的海上行动也被获准加强了。

德国的最高统帅部选择了"鹰袭"这样一个名称作为空中全面进攻英国行动的代号。但是，对于"鹰日"——也就是战争开始的具体日期，希特勒并没有对此做出任何规定，只是曾经提及过行动日期，他认为最早的行动时间应为 8 月 5 日。

8 月 2 日戈林带领空军高级将领们一同开会，会议召开的地点在东普鲁士的一幢豪华乡村别墅里。然而会还没开始多久，一场争吵就不可避免地发生了，争吵的双方分别是凯塞林元帅和斯比埃尔元帅。

按照当时的任务划分，在这场战争开始之后，应由凯塞林元帅和斯比埃尔元帅分别领导的第 2、第 3 航空队将冲在第一线进行战斗。但这两位元帅之间存在着矛盾，他们的观点产生了重大分歧。

凯塞林主张，全部的进攻力量应当集中在一个目标上，那就是伦敦。"如果我们炸死几千个伦敦佬，英国人肯定会喊着求和。"他这样说道。

但是斯比埃尔并不认同凯塞林，他有着自己的观点。在听完凯塞林的陈述后，他脸上的阴郁更加明显，他反驳道："在没有首先摧毁皇家空军的情况下把全部力量都用于进攻伦敦，就会上英国人的当。因为这样一来，皇家空军就可以把它的战斗机部队全集中在首都周围，进而严重破坏德国空军轰炸机的大规模进攻。"

他的参谋长戴奇曼也附和着说道："这样做将极其危险，是非常不负责任的行为，因为轰炸机将要飞出'梅-109'飞机的护航范围之外。"

但凯塞林反驳说："按照德国空军的现有力量，如果我们不集中火力攻击伦敦的话，入侵根本就不可能达到目的。"

在他们争吵时，戈林一直提醒着与会者，希特勒曾经特别强调过伦敦并不在他们的进攻范围之内——这场争吵才渐渐平息下来。

凯塞林非常不服气，他又说道："空军的进攻力量就应该集中在某个大城市，而不应该按斯比埃尔所主张的，将力量分散来进攻范围较广的多个目标。对于皇家空军的基地和军需品工厂，可以放在以后的时间进行摧毁。"

争吵已经告一段落，但是凯塞林仍然为自己的主张得不到采纳而不满。这主要还是因为凯塞林的观点不符合希特勒的想法因而也就得不到戈林的支持。

最终会议实在无法进行下去。德国军方直到 8 月 6 日的时候才确立了"鹰日"的具体时间——8 月 12 日。如果这一天天气不错、艳阳高照的话，将是德国空军全面进攻英国的日子。

第二节

戈林的误判

戈林在8月6日当天向所有部队下达命令，要求所有人严阵以待，随时准备开始这场战争。很多德军飞行员把不列颠岛的地图画在他们所驾驶的飞机上，并在旁边标注"伦敦——8月15日——完蛋"的字样。

在戈林下达命令的同时，英军的情报部门也得知了这一消息，并且立即报告了丘吉尔。丘吉尔通知皇家空军，对他们说道："德国空军的大举进攻就要开始了。"

道丁作为英国的空军上将，他在8月8日对战斗机指挥部的人员下达了一项非常重要的命令：

"不列颠战役马上就要开始了。作为皇家空军的一份子，我们将来几代人的命运就掌握在你们手中了！"

8月8日，德国空军的进攻力度明显加强。清晨，天刚蒙蒙亮的时候，英吉利海峡上的一支船队就不断遭受到来自"施图卡"式飞机的攻击。轰炸机潜伏在英国南部海岸港口，它们小心翼翼地投放着各式各样的水雷。空战进入了空前的激烈阶段，尤其是在汉普郡、萨西克斯郡、肯特郡以及海峡上空。8月8日黄昏之时，德军和英军双方飞机起飞次数加起来已经超过了1000架次。而在这一天残酷的战斗中，德军总共损毁了31架飞机。英国皇家空军的情况较好，但损失的飞机的数量也达到了19架之多。这一天英国不仅是双方损失最惨重的一天，同时也是战争进行的最紧张的一天。8月10日，英国南部狂风大作，英吉利海峡和法国北部的上空铅云密布。根据当时的天气预测，之后的两天要么是多云，要么是雾气弥漫。在这样恶劣的天气条件下，飞机根本不可能起飞。几天的时间延宕下来，德军渐渐开始有些浮躁，整个军团的士气都有所下降。

戈林意识到，行动不可以再这样拖延下去了，士兵的好战精神会被磨得消失殆尽，他们的心理会慢慢松懈，战斗力一定会有大幅度下降。他立刻决定，将"鹰日"往后延期一天，把8月13日正式定为"鹰日"。

到了8月12日的时候，恶劣的天气开始慢慢有所好转，阳光逐渐从层层铅云中露出，多佛尔海峡上空的能见度越来越好。

蓝天白云下，德军的混合战斗机编队就这样紧贴着海面向西飞去。

没过多久，一架战机的驾驶员鲁本斯德尔法上尉十分清楚地看见了英国海岸的悬崖峭壁。而当他们的编队行进到海峡中间时，他用粗犷的嗓音对着话筒说道："第3中队注意，前往执行特殊任务。预祝你们能够取得成功！"

随着第3中队长海因茨中尉的一声"明白"之后，8架"梅-109"式飞机听从指挥，整齐地飞向多佛尔；12架"梅-110"式飞机在鲁本斯德尔法的指挥下逐渐向左迂回，它们沿着英国海岸飞往西南部。

虽然以上提到的两种飞机都属于战斗机和驱逐机，但是这一次行动中，它们却不被用来进行空战任务。每架飞机的机翼下都挂着重达250公斤或500公斤的炸弹，它们要执行一次颇为特殊的轰炸任务。

第201实验大队是目前德国空军中仅存的，也是唯一的一支用于实验的部队，这支部队由鲁本斯德尔法率领。这一个月以来，在海峡轰炸机部队司令芬克上校的指挥下，201实验大队一直秘密地执行着对于英国船队航线进行封锁的任务。这段时间，他们反复试验，验证了一个空军司令部非常重视的问题——战斗机能否携带炸弹，又能否用所携带的炸弹对目标进行攻击。

就在前一天，这支实验大队第一次用战斗机将英国绰号为"战利品"的海岸护卫船队成功炸毁。而当英国的上空出现了德军的战斗机时，英国人却不以为然，他们认为那些不过就是战斗机而已，没有什么了不起。不过德军的这些战斗机却大大出乎英国人的意料。德军战斗机居然进入超低空飞行，顺带向攻击目标投放炸弹。有两艘大船的甲板被毁，船只的上部建筑也都面目全非，船身遭到严重的损伤，场面一片混乱。

实验大队当天的任务就是将英国东部和南部海岸的那些雷达站一个个炸毁，将英国皇家空军的耳目逐个消灭，为德军之后更好地实施"鹰袭"计划作准备。

之所以德国人在"鹰日"之前展开这次空袭，是因为这几个月，德军方面一直在有组织、有预谋地监听英国的无线电通信和雷达的使用情况。通过监听得到的消息，英国已经利用他们自己在本土部署的"海岸低空搜索雷达网"，对德军飞机出动的信息进行监控。德军意识到，他们此次的行动完全在英军的预料之中。若想扭转战争的局面，争取到更加优势的地位，首要的任务只能是破坏英国的沿海雷达站。所以，这一次的攻击行动不仅仅是为"鹰袭"作准备，同时也是不列颠之战中一场大规模交战的序幕。

鲁本斯德尔法上尉瞥了一眼自己手腕上的表，还差几分钟就快要到11点了。这一刻，12架"梅–110"一齐改变了前进的方向，他们飞往了西北，向着英国海岸继续前进。

各个中队在快要接近海岸的时候就逐渐散开来，紧接着他们迅速奔向各自的目标。

第1中队由卢茨中尉带领着从伊斯特本出发，在他们刚刚进入英国内陆的时候，英国的"佩文西"雷达站就暴露在了他们眼前。

总共有6架"梅–110"式飞机开始爬高。由于这些飞机的机翼下面都挂着500公斤的炸弹（这些炸弹相当于俯冲轰炸机挂弹量的2倍），所以飞机爬高不是很灵活，速度也变得缓慢。

这些飞机好不容易爬到了目标的高度，紧接着他们转弯，改变了方向，向着目标俯冲。当光学瞄具终于对准了四根天线塔中最近的一根时，卢茨中尉率先投下了飞机上的炸弹。

德机群一架接着一架，速度之快就像天空之中突然刮起的一阵狂风，

德国空军袭击英国

它们掠过雷达站上空，投下了炸弹。总共有8颗500公斤的炸弹都击中了目标，有一颗炸弹直接命中了天线塔，主电缆也在这样一番狂轰滥炸中被炸断了。

紧接着，电波被中断，"佩文西"雷达站再也发不出任何声响了。

在卢茨中尉率领机队攻击"佩文西"雷达站时，第2、3中队也都没有闲着，他们正忙着袭击另外两个雷达站。

第2中队由勒西格中尉率领，他们的任务是负责袭击黑斯廷附近的"拉伊"雷达站，并且炸毁地面上的所有建筑物。

第3中队由海因茨中尉率领，负责袭击多佛尔附近的雷达站，他们投下的炸弹中，总共有3颗落在了天线塔的附近，有2座天线塔被炸弹炸得东倒西歪。但是它们都没有倒下，仍然坚守着，就像英国人民不愿屈服的心一样。

虽然地面上被轰炸得浓烟滚滚，可是实际上，绝大多数雷达站只是天线塔受到损伤，通过英国人坚持不懈的抢修，在这次空难结束的3个小时后，所有的雷达站基本上又能够重新开始工作了。

此时，聪明的英国人想到了一个好主意。他们仍然让那些已经被摧毁的雷达在废墟中发出一些虚假信号。当德军捕获这些信号时，他们就不会怀疑轰炸行动是否真正取得成功。果不其然，德军落入的圈套，没过多久他们就完全撤离，放弃了对于雷达站的轰炸。草率的撤退给德军带来了巨大隐患。"后来我们才意识到，皇家战斗机中队一定受地面某种新装置的控制，因为我们听到的指挥'喷火'式和'飓风'式飞机同德国机群作战的命令是非常熟练和准确的。这种雷达和对战斗机的控制使我们感到意外，而且是非常惨痛的意外。"德国王牌飞行员加兰后来回忆道。

虽然德军将雷达站逐个击灭的预期目标并没有完全实现，但是对于英国战斗机部队前线基地开展的袭击却取得了局部胜利。

英国战斗机曼斯顿基地在13时30分就遭受到了猛烈的攻击，而这次攻击的实施者正是上午刚刚袭击了英国沿岸雷达站的鲁本斯德尔法编队。

英国的很多雷达站被轰炸后暂时处于瘫痪状态，这也证明了鲁本斯德尔法编队的奇袭卓有成效。曼斯顿基地收到空袭警报的1分钟内，德军的飞机就已经抵达了他们基地的上空了。听到防空警报的一瞬间，英国皇家空军第65飞行中队的驾驶员们迅速跳进了"喷火"式战斗机的座舱，接着立刻启动了飞机。整整齐齐的12架飞机开始经跑道滑行，而排在最前面的3机编队已经开始在跑道上起飞滑跑。

短短的几分钟内，天空中布满了来袭的德军飞机，一枚枚令人恐慌的炸弹从天空中砸落。

德国飞行中队长卢茨中尉在紧急之中报告说："敌方战斗机都排在跑道上，我们的炸弹就要落在它们中间了！"

在正准备迎战起飞的英国飞行员中，有一位叫作奎尔的中校。1936年的时候他就已经成为一名试飞员，

准备作战的英国皇家空军

可想而知他的驾驶技术有多么熟练。当他驾驶飞机正在向前滑行的时候，忽然之间听到一阵巨响压过了他的飞机发动机的轰鸣声。奎尔侧头一看才发现是自己后面的机库被炸弹炸飞了。在如此危险的境遇中，奎尔顽强地滑进了跑道。

飞机跑道两侧的轰炸一直没有停歇，奎尔在烟雾中奋不顾身，开足了马力准备滑行起飞。他的这架"喷火"式战斗机时而被烟雾围绕，时而又出现在跑道上。没过多久，机轮的震动声逐渐消失，他的飞机终于成功升上了天空。

曼斯顿机场的上空，所有的"喷火"式战斗机都在上升，尽管硝烟一直围绕在这里，久驱不散。

德国飞行员们在空中放眼望去，机场上仅剩的4架"飓风"式战斗机和5架其他型号飞机都已经完完全全被摧毁了，机库和机场宿舍被炸弹轰炸，熊熊的火焰连绵不绝地燃烧……

曼斯顿机场的损失相当惨重，但是令人惊奇的是，英军第65中队的"喷火"式战斗机大部分都没有什么损伤。由于机场已经严重损毁，无法让飞机降落，这些逃过一劫的飞机就只能按照命令转移到后方机场降落了。

这场沿海地区的小型作战直到傍晚才结束。德军的第2、3航空队在战斗机的掩护之下，投入了300架俯冲轰炸机。而这些轰炸机的兵力仅是德军总兵力的1/3，是的，更大规模的战斗还没有开始。

根据德国气象部门的天气预报来看，8月13日——戈林所确定的"鹰日"，这天的天气并不如想象中那么好。果不其然，凌晨的时候狂风骤起，一场风暴席卷而来。迫于无奈，戈林只好下令取消了之前的行动计划。

可是，行动撤销的命令戈林下得太迟了，在他还没有下达命令之前，74架"多尼尔"轰炸机和50架护航的"梅–110"就已经飞向英国皇家空军的机场了。十万火急，凯塞林元帅立刻用无线电发去"行动取消，立即撤回"的紧急命令。

"梅–110"在接到撤回命令后以相当快的速度调头返回，然而指挥

"多尼尔"轰炸机的芬克上校思前想后,决定继续前进。虽然没有了战斗机的掩护,一意孤行的行动变得十分危险,但是他认为天空中厚厚的云层也可以当作自己安全的保障。

与此同时,英国皇家空军中的一支雷达小组出现了错误,他们计算错了迎面飞来的飞机

"梅-110"

数量,将错误的信息当作情报派发给战斗机指挥部。可想而知,指挥部没有派出足够多数量的战斗机去对付德军的轰炸机机群,芬克的"多尼尔"机队轻而易举地突破了防线,他们将炸弹投到了伊斯特切奇机场。

在这场激烈的小型战役中,德军只有4架飞机受损。

行动返回后,芬克上校在报告中说,皇家空军的一个比较主要的战斗机机场在他们的轰炸之下已经基本陷入了瘫痪,同时停在地面上的10架"喷火"式飞机被他们摧毁了。事实上,伊斯特切奇机场本来就只是由一些性能较差的二线的战斗机和小部分轻型轰炸机所驻守,尽管机场整体遭到了重创,但是经过10个小时的修整后已能勉强恢复使用。

天气好转时,已经是下午14点左右了。此时的德军第1飞行训练团第5驱逐机大队接到命令准备起飞。

在震耳欲聋的轰鸣声中,23架"梅-110"飞机一架又一架地升空,向着英国海岸飞去。

当编队经过法国的瑟堡上空时,立刻被英军的雷达警戒系统发现。警戒系统给出的兵力数字非常准确。但是,光凭雷达信号,英国人是没有办法判断入侵上空是轰炸机还是战斗机的。尽管如此,他们还是做好了战斗准备,"喷火"式战斗机飞行员一直在驾驶舱中等待随时起飞。

23架"梅-110"由林斯贝尔格上尉指挥,当他们即将越过英国海岸线的时候,编队中排在最后的一架飞机发出了相当刺耳的警报声——"后

方发现'喷火'式飞机。"

警报声的响起，使坐在驾驶舱内的德国飞行员们如坐针毡，他们的神经突然就紧张了起来。因为他们清楚地知道，虽然他们的飞机上装载有4挺机枪和2门机炮，但是与"喷火"式战斗机相比，他们的"梅-110"还是有点相形见绌。

一架飞机想用俯冲动作来逃避"喷火"式战斗机，但是他的速度没有瞬间提上来，结果只能被英国飞机死死控制住，最终在天空中炸毁。

紧接着，又有2架德机陆续被击中，携着浓浓的黑烟坠入大海。

林斯贝尔格上尉的驱逐机大队返回基地后发现他们的损伤严重，总共有5架飞机被击毁，10余架飞机被击中受损。这个难堪的战果让戈林吃了瘪，他非常暴躁，他的空军部下怎么如此无能？

德国又派遣一支庞大机群在下午3时向英国海岸飞去。这个机群由150架轰炸机组成，并且有"梅-109"编队为他们护航。机群的目标是为了袭击南安普敦——英国最大的港口。

这一次，英国皇家空军派出了4个中队迎战德国空军。

在参加进攻的轰炸机中，既有"施图卡"飞机，也有双引擎的"容克-88"飞机。据当时资料记载，"容克-88"是德国空军当时所拥有的速度最快、最新式的中程轰炸机。

在飞往南安普敦的航线上，是由拥有"布伦汉姆"战斗机的皇家空军负责守卫的。这种飞机是以"布伦汉姆·马克4型"轰炸机为原型改装的。跟装满了弹药的"容克-88"相比，"布伦汉姆"战斗机明显无法满足作战要求，它的时速要慢16公里左右。

两支空中编队在港口附近相遇，"容克"飞机与"布伦汉姆"相比占有相当大的攻击优势，在击落了几架"布伦汉姆"战斗机后，它们就直直地向着南安普敦港飞去。

刚刚到达港口上空，"容克-88"就开始一枚一枚地投放炸弹，顷刻间，诸多码头和仓库都被火焰所吞噬。

德国的"施图卡"飞机可就没有这样的好运气了，与它交战的正是英军的主力战机——"喷火"式飞机。

在海峡上空侦查情况的"喷火"式战斗机总共有13架之多，它们迅速地穿过为"施图卡"飞机打掩护的"梅-109"，并开始俯冲。在拥有卓越的空战性能的同时，"喷火"式飞机依靠阳光，占有了相当多的优势，而可怜的"施图卡"飞机根本无法招架如此强烈的攻势。没过多久，9架"施图卡"在这场斗争中被击落，还有几架受了损伤。其余的"施图卡"飞机迅速逃走了。

英军获得了难得的胜利，这与皇家空军第609中队的努力拼搏是分不开的。其中一名飞行员对这次战斗进行的评论被写进了皇家空军的记录中——"今年光荣的12号我没能脱开身去打猎，但是光荣的13号却是我有生以来射猎成果最大的一天！"（注：8月12日是英国人射猎松鸡的季节正式开始的日子，英国人称这一天是"光荣的12号"）

"鹰日"当天，德国军方总共出动飞机高达1485架次，而英国皇家空军只有700架次。德国飞行员在报告中写道，他们已经成功地将皇家空军的6个机场和其他一些建筑物设施摧毁，并且地面上停留的数十架飞机也没有幸免于难；同时他们还炸毁了几座小工厂，整个南安普敦港陷入一片瘫痪中。然而实际上，整个英国只有3个机场受到了比较严重的创伤，并且这3个机场还都不是皇家空军的主要战斗机基地。

戈林的飞行员向他报告说，他们击落了相当一部分英国飞机，这一点让戈林感到非常开心。当晚德国最高统帅部发表了战报：英国皇家空军在这次行动中总共有88架战斗机被摧毁，其中包括70架"喷火"式飞机和18架"布伦汉姆"式飞机。戈林接到的报告中说德国空军总共只损失了12架飞机。

帝国元帅自然是非常满意，他下令让战区所有的飞行员吃饭的时候都可以加饮香槟酒来庆祝。然而戈林不知道的是，他所了解到的"鹰日"结果，实际上是完全被夸大了的。当天双方的真正损失并不是纸面描述的那样，英国皇家空军仅有13架战斗机被击落，而德国空军整整损失了23架轰炸机和11架战斗机。

"鹰日"战况

　　由此可见，德国空军对于英国的"鹰日"行动完全失败了。不少德国军官心里面都非常清楚，里希特霍芬将军在他的日记里写道："直接打击失败了。"

　　戈林被虚假的胜利蒙住笼罩了双眼，看不清事实。越来越多的虚假情报让他得意忘形，之后，他对形势做出了更加严重的误判。

第三节

黑色周四

8月15日,英吉利海峡放晴,这是夏季以来难得的好天气。天空的铅云褪去了,海面晴空万里。戈林不想错过这个难逢的好机会,于是便下令发动一场大规模空战,无数战斗机在他的指挥下升空作战。

德国空军将全部空袭兵力集中,分为南、北两路进攻。英国人民永远也不会忘记这天——"黑色周四"。

德军第5航空队百余架轰炸机、数十架战斗机,由施登夫将军带领,他们从挪威和丹麦起飞攻击英国北部。而负责进攻英国南部的南路军队则集中了德国空军的主要力量,共875架高空轰炸机、316架俯冲轰炸机和929架战斗机,隶属驻扎在法国境内的德军第2、3两支航空队。

德军为什么要在南路投入数量如此众多的作战兵力呢?原因在于德军想通过猛攻英国南部来钳制英军的战斗机,这样就能保护英国中部和北部的军队免受敌军阻截。在挪威和丹麦的德国空军从起飞基地到英国北部作战地区,距离约650-750公里,再加上全程20%左右的"战术备份"航程,也就是说要想攻击到英国北部,战斗飞机必须要有1800公里的续航力。然而,当时战争所使用的单发动机的"梅-109"战斗机只有750公里的航程,这就意味着战斗机刚飞到英国海岸就会因燃尽而坠海。为解决这个难题,德军只能从法国的空军基地来进攻英国南部。英国皇家空军上将道丁的截击兵力明显弱于德军兵力,皇家空军仅有480架"飓风"式战斗机、120架"喷火"式战斗机以及少量的其他战斗机。同时,道丁在情报分析的过程中也逐渐认识到德国兵力安排的险恶用心。于是道丁将原来部署在英国南部双方争夺焦点以外的第11大队的部分战斗机与一直没参战的第12、第13战斗机大队合为一处，并调到北边的苏格兰地区，以便更好地抗击德国军队的攻击。

终于在8月15日这一天，施登夫接到命令，将驻扎在挪威和丹麦的德国空军第5航空队投入战斗。施登夫立刻下令军队飞过北海发动一次突然袭击，目标是位于英国东北都泰思茅斯和约克郡北部之间的英国机场和飞机制造厂。但他万万没想到，也没有预料到英国人居然能够破译德国的密码。

施登夫的飞机在抵达前的一个小时就被英国雷达跟踪到了。如此一来皇家空军的战斗机就有足够的时间率先占据空战的绝佳位置。皇家空军顺着阳光飞行，以便能够向下俯冲进攻德军的轰炸机。

"海因克尔"喷气式飞机

当日13时45分，德军的65架"海因克尔"轰炸机飞行在4500米的高空，这些轰炸机得到"梅-110"战斗机的掩护。可是，当德国机群飞行至距离英国海岸线40公里的地方时，飞机上的无线电设备开始频繁传来敌方情报：

"'喷火'式战斗机在左侧出现！"

"太阳方向飞来了敌方战斗机！"

"我被敌机击中了！"

在德军驱逐机大队上空几百米的地方，有4架前导机执行着掩护任务。编队大队长雷斯特曼上尉坐在最前面的一架飞机上，配合同机的侦听中队长哈特维希，利用高性能的接收机来监听英国战斗机之间的通信联络，目的是使德国军队能够掌握英国空军的防御体系，并据此制定德国轰炸机部队的航线和战术。

可是，正当他们集中精力监听时，一架英国的"喷火"式飞机顺着阳光扑向他们。

还没等到雷斯特曼反应过来，就已经被英军飞机击中了。雷斯特曼的飞机机身被英军打出十几个窟窿，在高空气流的冲压下，窟窿逐渐变大，飞机操纵起来也变得困难重重。

没有维持多久，指挥机就燃起了大火，大队长雷斯特曼上尉与飞机一起栽入大海。

仅仅十分钟，英军就向德机发起了全方位的攻势，前来截击的第72、73中队"喷火"式战斗机都投入了战斗。

英德双方在辽阔的天空中，展开了一场殊死拼杀，时不时有战机坠落。

被击伤和击落的战机，在天空中划出了一道道黑色的"长虹"。

由于英国皇家空军战斗机作战能力极强，设了层层拦截，德国的第26轰炸航空团根本找不到预定的轰炸目标，最后不得不将炸弹稀稀落落地投在海岸和纽卡斯尔与森德兰之间的港湾附近。

当施登夫的机群回到挪威时，德军共损失20%的轰炸机，包括16架"海因克尔"和6架"容克-88"。除此之外，还有7架被击落的"梅-110"。

英国皇家空军战斗机

血色长空 · xuesechangkong ·

不列颠空战 · buliedian kongzhan ·

在 8 月 15 日这一天，英国南部遭遇了更大的劫难。

在英国 320 公里的海岸线上空，战火无边际地蔓延。德国军队的"施图卡""海因克尔"和"容克-88"战机穿梭于英吉利海峡，轮番轰炸英国南部的皇家空军的飞机场。一时间，飞机跑道变得坑坑洼洼，许多飞机库也开始着起火来，战火从朴次茅斯蔓延到泰晤士河口，甚至波及伦敦远郊的比金山。

马达加速到极限时发出的轰隆声、飞机俯冲或转弯时引擎、螺旋桨发出的尖叫声、机关枪突突的扫射声、火炮攻击的轰轰声、飞机在空中爆炸的雷鸣声……无数声音在英国的上空汇聚成一首奇特的"交响曲"。不只有声音，地面的人们还能看到激战的飞机留下的雾气痕迹、看到坠毁飞机冒出的黑烟、看到突然爆炸的飞机发出红色火焰。

本来英国的皇家空军可以投入更多的战机升空作战，却因飞行员伤亡惨重，导致飞机因无人驾驶而无法投入作战。因此，仅有的幸存飞行员从黎明开始就守在飞机旁，等着紧急起飞的命令下达。打完一场之后，飞行员只在飞机旁稍作休息就又起飞去迎敌了。这些战士们疲惫不堪，已经到达了身体强度的极限。

地面上的劳务队也毫不松懈，他们不分昼夜地修补着被德军轰炸的基地和机场。但往往刚修好没多久，就会被德国的空军再次炸个稀烂。这次激战，英德双方都损失惨重。据报道，此次战斗导致英国皇家空军 12 个机场瘫痪，99 架飞机在空中被摧毁；而英国的空军也起飞了 974 架次，摧毁了德国的 182 架飞机。

其实无论是德国还是英国的高层心里都知道战报不是真实的，大家都倾向将自己的战果说得很大，损失说得很小，这样不仅可以鼓舞己方士气，还能动摇敌方的军心。实际上，德国空军击落了 34 架英

德国飞机残损的尾翼及部分机身

国飞机而不是 99 架,皇家空军击落了 75 架德国飞机,远不是公布的 182 架。

这次战斗中飞机和飞行员的损失数量令双方都很震惊,尤其德国。由于德军飞机多是 3 或 4 人机组驾驶的,这与单座驾驶的英国飞机相比,损失的飞行员数量自然更多。

漫长的 8 月 15 日终于结束,这一天对于英国来说是"黑色星期四",但从总的交战结果来看,对于德国来说这天的情况更为糟糕。

第四节

高超技巧的空战

8月下旬，在英德两军持续激烈的空战中，英军显示了过人的胆略和高超的空战技巧。8月30日，英伦岛天空难得放晴。一些新闻摄影人员趁此机会赶到格雷伏山德基地的机场，拍摄皇家空军飞行员中队的起飞示范。

在疏散区，第501中队假装接到电话，随后便飞快地向"飓风"式飞机奔去。

空中战士们在地勤人员的援助下，娴熟地将保险伞束带背上，紧接着开始绑紧座带，待启动发动机后，再将垫木移走。而后，无垠平坦的草地上，他们驾驶战斗机轻巧地前滑，逐渐升向空中。当飞机刚起飞，机轮就被飞行员们收起来。这是战斗机飞行员们展示自信的一种方式。

飞行员们通过耳机与皇家空军通信，听到飞行管制官要他们紧急起飞的命令。这次不是演习，而是实战任务。于是飞行员们便在管制员的指挥下飞向泰晤士河口，兴高采烈的摄影记者们还被蒙在鼓里。

飞行中队在行动中始终保持最初的队形，整齐地飞往管制员指定的空域。

就在接近德国的飞机之时，指挥官一声令下，皇家空军一齐将子弹射出。虽然没有击中敌机，但是有效地打散了他们的队形。

这段时期，英军频繁采取破坏德机队形的策略。原来，在之前的战役中，德军往往偏好采用地毯式轰炸，用这种轰炸方法弥补自身战斗经验不足的缺陷。英国专业人员通过分析发现德军的优秀轰炸机驾驶员极其缺乏，于是决定通过冲散德军的队伍，打开缺口，乘虚而入。现在，第501中队也用这种方法取得了成功。

第501中队的雷西士官是冲散任务的执行者之一。他驾驶飞机疾驰空中，希望找到德军的薄弱处再次发动进攻。但是，忽然之间，他感到天旋地转，眼前一片漆黑。原来，他的机翼和发动机都被德军击中了。座舱罩也被漏出来的润滑油染成黑色。雷西什么也看不到了，于是他干脆扯下座舱罩。他的视野迅速变得宽阔，机身下阴暗的泰晤士河水映入眼帘。由于飞机还处于相当高的高度，可以利用滑翔着陆，雷西认为此刻没有跳伞的必要。

终于，他在临近格雷伏山时放下起落架并放低机翼。这个机智勇敢的飞行员，即使在发动机彻底失效的时刻，也要将降落做得这般完美。更令人惊叹的是，他将飞机停在了大约就是他起飞的位置。摄影记者们还未离去，他们喜出望外，将降落的全部过程一一拍摄。

除去飞机脱落部分，雷西的"飓风"式机上统计有八十七个弹孔。

雷西停稳飞机，非常得意。工程军官在一旁开玩笑道："你不跳伞是搞什么鬼？原本明早可以凭此换新。现在可好，我必须颇费一番心力去维修飞机。"

雷西的英雄事迹被大家津津乐道。然而这天上午，还有一件传播更广的事件发生。

格列佛联队长在利物浦出生。作为当时英国空军最有经验的作战飞行军官之一，他20岁不到就开办了一家飞行俱乐部。"二战"期间，他原本担任战斗机司令部本部轰炸机联络官一职，而后晋升为第253中队中队长。后来，他又被提拔为联队长。

这一天，格列佛联队长带领着另外两架飞机，以V字队形离开中队，朝一批德机机队飞去。在他前面大约3000米的高空，格列佛看到德军一个"梅-109"机的纵队迎面而来。这正是格列佛梦寐以求的情景。

他不慌不忙地从正中央硬闯敌方的战斗机队。当瞄准具套住一架敌机时，他连续射击4秒钟，枪弹击中了一架"梅-109"。这架梅式机翻转过来，机背朝下，旋转，然后下坠，机鼻朝下，栽落地面。

突然，又一架敌机进入了他的视线。格列佛果断开枪，这架梅式战机机翼开始冒黑烟，然后垂直栽落到地面上，爆炸后燃起一团火焰。

就在格列佛的视线还没有收回，第三架敌机又与他擦身而过。他迅速调转机头，向那架敌机攻去。当梅式战机进入他的射击圈时，他连续射击3秒钟。他看到敌机座舱内好像空无一人。原来德国飞行员被击中后向前跌坐，从外面看不见。这架梅式机急速向地面坠去……

此时，有好几架德机向他的飞机射击，空中布满起伏的枪弹，格列佛感觉仿佛穿越一个巨大的金质鸟笼。

第四架梅式战机以略高于格列佛的高度从他头顶飞过。格列佛急转弯，爬升，并朝德机机腹射击。格列佛持续射击了两三秒钟后，听到了弹夹已空的咔嗒声，但是这架倒霉的飞机已经受到致命的射击，它翻了个身，便直坠而下。

尽管格列佛已经进入了不适宜空战的年龄段了，因为与20岁左右的人相比，这个年龄段的人反应要迟钝一些。但是，他具有一种与众不同的本领，这种本领比飞行技术更重要，比锐利的眼力更重要，甚至比敏捷的反应和高超的射击技术更重要。

格列佛胆略过人，他能在极为接近敌机的相对碰撞航线（如此才能用上正前方的机枪）上飞行。格列佛在射击的一瞬间，距第一架敌机170米，距第二架敌机120米，距第三架敌机60米，距第四架敌机70米。正是因为在如此近的距离上射击，机枪才能发挥最大的威力。这是一般人很难做到的。

8月31日下午，又发生了一件很了不起的事情。

这天下午，德军第2轰炸航空团的轰炸机突然袭击英国皇家空军的霍恩彻奇基地。当敌机到达机场上空时，地面才发出警报。虽然大部分"喷火"式飞机在炸弹落下之前紧急起飞了，但还有三架没能起飞，它们是迪尔上尉的三机组。

这三架"喷火"式飞机在跑道上乱了套，它们相互干扰。迪尔一边骂一边减速，因为再不减速，就要和从侧面过来的同伴相撞了。

就在这一瞬间，德军轰炸机掠过上空，炸弹接连落向正在滑跑的三架飞机。目睹这一情景的人无不吓得目瞪口呆。

迪尔不顾四周硝烟弥漫，快速飞离地面。就在他离地两三米的时候，飞机被炸弹爆炸的气浪打得翻扣过来。迪尔在头朝下的情况下，还是在离地至多1米左右的高度上继续倒飞着。炸弹掀起的土块飞进了座舱，打在倒挂在座舱里的迪尔的脸上。这是世界航空史上从未有过的"特技飞行表演"。

迪尔

突然，飞机发出好像锯子锯东西时所发出的刺耳声响，原来"喷火"飞机已擦着地面了，并飞了约100米。开始是尾翼着地，后是整个机身着地。接着，飞机又翻了个筋斗不动了。亲眼看到这一令人惊心动魄场面的人都在担心，迪尔还活着吗？离迪尔不远，另一架"喷火"式飞机被炸掉了机翼。埃德塞尔少尉幸免一死，只是脚部脱臼。他设法从座舱里爬出来，爬向迪尔的飞机。这时，他简直不敢相信自己的眼睛，原来，迪尔既没有死，也没有负重伤，只是闷在里面出不来了。

于是，他俩合作，砸碎了座舱盖，使迪尔爬了出来。迪尔只负了点轻伤。他们两个人步履蹒跚，向笼罩着褐色烟雾的机场休息室走去。第三架"喷火"式飞机冲进了离机场较远一点的田野里，迪维斯中士徒步走了回来，他也没有受伤。这三名英军飞行员就这样摆脱了空袭。第二天，他们又驾驶着新分配给他们的飞机继续战斗了。正是这种不屈不挠的精神，才使得英国皇家空军的全体官兵顶住了德军的空袭。

第五章 计划受阻

第五节

轰炸利物浦

德国空军在8月28日晚间对利物浦发起突袭，这是德军精心策划的首次突袭行动。德国人认为这次突袭可以有效打破英国的防御，在一定程度上对其造成威慑作用。突袭行动连续进行了四个晚上，造成了很大的破坏。

从8月28日开始，连续四个夜间，德军空军派出第三航空队突袭伯肯黑德和利物浦，平均每晚出动轰炸机157架次。每晚平均投放燃烧弹257颗、爆破弹114吨。8月29日德军的137架轰炸机飞到了位于默尔济河口的两个海港，投下炸弹130吨，散布性燃烧弹313颗。同时，第二航空队在28日和30日也协同完成了对海港其他目标的轰炸。29日，德军派出轰炸机44架。31日，德军又派出轰炸机25架。这两天德军轰炸机的任务并不是摧毁英国的目标设施，而是为了给身处困境的英国人以持续压迫。在这几天频繁的轰炸中，英国军民无法正常休息、工作，斗志被极大削弱。

四天夜袭，德军几乎出动了所有能够调动的部队，甚至向海军部借了几个轰炸机大队。原先，这些轰炸机是配合海军作战使用的。可见，轰炸利物浦的行动对德军的消耗也很大。值得注意的是，这次空袭行动中，海军部的轰炸机充当了先导的作用。这种轰炸战略遭到德军内部一些人反对，他们认为最有效的作战方法还是对英国进行海上封锁，不过因为一些原因，他们的提议并没有被采纳。

在德国很多战略家的眼中，这次突袭无疑是成功的。它是对利物浦和伯肯黑德的精确打击，虽然突袭的作战范围很大，但依旧可控。然而事实证明，他们的判断出现了失误。尤其在第一夜发动突袭的时候，德军的炸弹并没有精确地对利物浦造成打击，反而有相当一部分的炸弹落在了杳无人烟的地区。

对英国人来说，这次突袭带来了很大的损失，同时，也暴露了英国夜间防空系统的问题。这四次的夜间作战中，德国的轰炸机几乎没有受到英国防空系统的反击。德国的第三航空队总共损失7架轰炸机，还不到出动兵力的2%。英国防空系统中高射炮的作用仅仅停留在扰乱德军的攻击、降低德军攻击的准确性上，丝毫没有起到应有的防御作用。为此，道丁曾经建议对德国进行电子技术干扰，用英国最擅长的电子技术来扰乱德国的无线电导航设备，即使牺牲英国防空系统建设也无妨。但是很快，有人提出了一种更为巧妙的办法，英国人为这一办法的实施组建了第80联队。该联队的主要任务就是使英国的某些重要目标免遭破坏。8月18日，德国空军的远程导航台的位置被英国人发现，这些远程导航台在夜间突袭中发挥了重要的作用。英国人迅速开展工作，启动九个电台来分别转发德国无线电导航信标，对德国的攻击进行干扰。这项举措究竟产生了多大效果，当时是难以查明的，即使现在也不能精确计算。但是从德国空军空袭成效明显下降的这一事实来判断，至少证明使德军空袭的过程中很难找到攻击目标。

第六节

空中鏖战

在英国皇家空军的军史中，9月15日被认为是"不列颠空战日"。这天中午，德军400架轰炸机和700架战斗机越过海洋，向英国靠近。10分钟后，英军从雷达中探寻到德机来袭的信号，于是指挥员迅速派遣皇家空军的第11集团和第12集团的5个中队升空迎敌。德国人十分讶异英国居然还有这么多可以用来战斗的飞机。中午13时30分，空战进行到白热化阶段。英国皇家空军的战斗机在空中不断搜索着敌踪，一旦发现目标，便对其发动猛烈的攻击。无数子弹倾泻在德军的战斗机上。德军飞机接连冒起黑烟，坠落深海。此次，英军击落了敌方56架战斗机，而自己仅仅损失了26架。

这次交手让德国重新反思了自身战略上的不足，同时也清晰地认识到，皇家空军并非那么容易消灭，因此不可抱有速战速决的想法，继续交战只能让德军陷入无穷无尽的拉锯战中。9月17日，希特勒无奈地宣布无限期推迟"海狮计划"。只不过他不甘心就此罢休，于是继续依靠夜战来对英国政府施压。

10月2日夜间，德国聚集了密密麻麻的机群重新盘踞在伦敦上空。尽管英国皇家空军做了一系列的防护措施，但还是由于准备不足，让德军频频得手。德国推迟"海狮计划"后的夜间空袭似乎更加难以对付。为此，英军伤透了脑筋。三个月时间里，德国出动飞机频率高达2400架次，使伦敦陷入了惨重的灾难中。伦敦市民死伤过万，房屋也有五分之一被摧毁。英国的航空工业城市考文垂更是厄运连连，在德军 1600 吨左右炸弹的轰炸下，几乎全城被毁。

面对危急的局势，英国皇家空军被迫想出各种办法解决问题。譬如在德机来袭必经之处放置大量的气球，或是调用尽可能多的无线电设备干扰德军轰炸机的夜间导航。这些措施都在一定程度上缓解了伦敦的境遇，给了英国人以喘息的机会。之后，由于德军在东线战场上的吃紧，飞往英国轰炸的次数才逐渐减少。在 1941 年 5 月 10 日晚，德军做了最后一次"泄愤"式轰炸以后，便彻底放弃了"海狮计划"。无数伦敦市民看着黎明的红日，缓缓从废墟里爬出来，他们终于松了一口气。

长达 9 个月的空战，给英国造成了巨大的伤害，同时也考验了英国皇家空军的实力。可以说，英国此次空战的胜利，皇家空军是功不可没的。之后史学家对英国皇家空军给予了高度评价，认为他们在处于弱势的情况下，抵御了强悍的来犯之敌。丘吉尔也对皇家空军十分赞赏，他充分肯定皇家空军在战争中做出的贡献。不过，英国皇家空军的战绩并不止于英国本土的战役。1940 年的马岛之战，也为皇家空军带来了莫大荣耀。

所谓马岛，全称为马耳他岛。这是地中海中部地区的一个小岛，面积并不算太大。19 世纪初叶，马耳他岛被英国人占据。1939 年，马耳他岛成为英国的殖民地，同时也是英军部署在地中海的重要海空基地。

从军事战略层面来看，马耳他岛的地理位置对英国人十分有利。马耳他岛位于地中海重要的航线上，距离意大利和北非都很近。英军以马耳他岛为军事基地，可以有效遏制德军、意军来往北非；同时，也可以保护直布罗陀海峡到埃及的运输线，避免遭到德意两军偷袭。第二次世界大战爆发以后，马耳他岛因其特殊的战略位置遭到德意两国觊觎。德国和意大利希望重点进攻马耳他岛，彻底切断英国到北非的支援。

1940 年夏天，墨索里尼紧盯着地图上的马耳他岛，下令对其展开猛烈的攻击。马耳他岛瞬间从一个安静的岛屿变成腥风血雨之地。不过意大利的海军力量并不强大，因此墨索里尼不敢彻底占领马岛。他只希望通过空袭来摧毁英国的空军设施，使其丧失在地中海区域的绝对控制权，同时保障意大利军队在北非的顺利推进。1940年6月11日，墨索里尼的计划开始实施。数十架轰炸机从意大利西西里岛的基地起飞，以迅猛的速度对马岛展开第一轮攻势。

事实上，意大利的空军力量并不如德国和英国。因为其一直没有经历真正的考验，意大利政府便盲目地认为自己的空军实力非常强大。

意大利空军的飞机飞过地中海，径直向英国最薄弱的空军基地瓦莱港扑去。英国空军仅在这里驻扎了18架飞机。另有高炮50门，其中，40毫米"博福斯"高炮40门，舰载高炮10门。英军侦测到意军飞机之后，派出12架飞机主动迎敌。12架飞机在空中以"品"字形飞向意机。10分钟后，英、意两军在高空中展开激烈的搏斗。

意军并不知道英军的真正实力，也没有打算在这次战役中分出胜负。因此，意军的飞行员都应付差事，毫无作战斗志。他们远远看见前来阻截的英军飞机，做了一些突破尝试后便草草了事。他们扔掉飞机上为数不多的炸弹，之后便匆匆返回西西里岛。

6月22日，意大利又派遣30架轰炸机向马岛飞来。这次他们有数量上的绝对优势。不过意军无论是战术手段还是战斗策略都经不起推敲。他们被英国地面的高炮拦住去路，皇家空军也在空中组成灵活的阵型抵御意军的进攻。意军的30架轰炸机根本无法靠近马岛，它们无奈地在马岛上空盘旋，后在损失1架轰炸机的情况下，狼狈逃回。

此后，英军开始更加积极地准备，部署空军力量，以应对越发危急的地中海形势。

8月2日，英国组建了皇家空军第261战斗机中队。11月，又有16架轰炸机抵达马岛，组建了第148轰炸机中队。自此，英国皇家空军的作战实力已经较之前扩充了3—4倍。他们准备主动出击，一改防守的被动局面。

11月11日，英国21架鱼雷轰炸机从航母上起飞，出其不意地突袭了意大利的战列舰和其他小型船只。12月，英国陆军又对意大利发动了大规模的反击战役。意大利军队在英军强悍的攻势面前节节败退，地面两个重镇失守，只好退居巴迪亚等候支援。

希特勒对意大利军队的表现非常不满,他不再信任意大利军队的作战能力,决定由德国接手马耳他岛的空袭任务。

1941年1月10日,德军第一次开展对马耳他岛的进攻。他们聚集轰炸机共60架,密密麻麻地盘旋在地中海上空。轰炸机瞄准器对准英国的运输船队,丧心病狂地向下投弹。虽然英国护航舰上有一定的防空火力,但是面对德军如此强大的攻势,任何措施也无济于事。英国人只能眼看着运输船被德国空军击毁,看着同伴在炮火声中流血牺牲。

德军的这次空袭给了英国人以警醒,他们加强了雷达系统的监控力度,实施全时制戒备,防止德国再用这种空中"闪击战"打击英国。现在,英国皇家空军已经准备好迎敌,只要在雷达中发现敌军,10分钟以内便可升空作战。

1月16日,德军70架轰炸机组成的轰炸机群向马岛扑来。英军监测到敌情,立即命令24架战斗机起飞迎敌。双方在马耳他岛的上空展开了一场恶战。"飓风"式飞机充分发挥机身灵活、火力集中的优势,对准德军飞机狠狠射击。

德国的"Ju-88"轰炸机在同类轰炸机中已经相对灵活,但是面对英国的"飓风"式飞机,"Ju-88"仍显得有些不足。而"Ju-87"轰炸机的设计针对的是对地面陆军的空袭,在空中作战中,其防御力低,容易遭到后方火力的攻击。英国皇家空军正是了解到德军两种轰炸机的缺点,想出一套"分流"的战术,对德军发起攻击。英国皇家空军用作战灵活的"飓风"式战斗机对付德军的"Ju-88",而让性能较弱的"海上斗士"追击"Ju-87",利用其笨拙的特点,抓住时机向其开火。就这样,马耳他上空的战斗越来越激烈,不时便有一架飞机冒起黑烟,沉入深海。战斗约15分钟以后,德国空军的轰炸机已经所剩无几,他们见形势不妙,便慌忙逃回基地。

在这场战争当中,德国军队共有56架飞机被英军击落,而英国皇家空军的损失还不到德国的一半,他们只损失了26架战斗机。

第二次世界大战开战以来,反纳粹联盟取得的第一个重大胜利就是不列颠之战,同时这也是德军发动侵略以来的第一次失败。"皇家空军面临数量上占巨大优势的德军，在第一个独立于地面作战的空中战役中取得了胜利。"毫无疑问，他们使纳粹德国遭受了自'二战'以来的第一次失败，并为英国军队的调整和重新装备赢得了时间……他们创造了世界军事史上最伟大的战绩。"英国战史学家对英国皇家空军给予了相当高的评价。

"在人类战争领域里，从没有见过这么少的人，为这么多的人做出这么大的奉献。"丘吉尔感慨道。

在马耳他空战进行的过程中，英国皇家空军共击落了德国空军的飞机约1400架，自己则只损失了1000架飞机。最终，他们成功取得马耳他空战的胜利，获得了马耳他地区的制空权，掌控了地中海交通线上的关键。这对他们能够成功打击德国军队的海上补给线，以及支援北非战场，都起到了不可忽视的作用。

第六章

伦敦之灾

不列颠空战

第一节

意外的战端

德国空军的计划,是在9月第一周将近结束时对伦敦实施一次昼间突击,并以此揭开一系列昼夜突击的序幕。自从8月15日德国空军第5航空队突袭遭遇失败后,德国空军参谋部就作出了结论:轰炸机群在护航力量薄弱的情况下对距离海岸相当远的目标实施昼间突袭的方式是不足取的。因为不可能有那么多的战斗机为之提供强有力的护航。

在战役的预备阶段,德国空军主要攻击沿海运输船只,后来他们以英国空军的前方机场为重点,接着又转向了防空分区的各个机场。前面已经提到,伦敦在8月底遭到了昼间突击;此后,德军将目标指向位于伦敦南郊和西郊的一些飞机工厂,以及梅德韦河两岸介于塔桥和诺尔灯塔之间的工厂和船坞。由此可见,德国人的作战方针有所改变,但对英国空军来说,最大的危险仍在于德机有可能对防空分区的各机场继续攻击。

开战一个多月来,帝国元帅戈林一次又一次接到他的情报官的报告,每次都说英国皇家空军几乎全军覆灭。但当戈林派出轰炸机飞过海峡时,英国的"飓风"和"喷火"式战机总是大批起飞,毫不留情地将他的轰炸机击落下来。于是,戈林不再相信情报官的话了,他知道,英国皇家空军远远没有被消灭。

怒气冲冲的戈林将他的空军军官和飞行员集合起来,狠狠地臭骂了一顿。骂归骂,但要完成作战任务还要靠他手下的这些人。他决定下放更多的权力,以调动部队的战斗积极性。

在下一阶段的行动中，戈林决定一切都放手让下面的人去干。他们有全权在白天或黑夜进行轰炸，可以袭击英国的任何地方——包括英国的城市。但是，根据希特勒的指示，戈林把一个城市严格地划在了进攻范围之外，那就是英国的首都。他在伦敦城区的外围画一条线，严禁进攻这条线以内的地区。

对于希特勒为什么会一再明令禁止袭击伦敦，人们有多种解释。有人认为是他希望在自己征服英国之后，能骑着战马从毫发无伤的白金汉宫里耀武扬威地穿过蓓尔美尔大街，走入国会大厦；有人认为是因为他担心摧毁伦敦的古建筑会引起不利于他的宣传，从而影响到那些中立国家；还有人认为是因为他已精明地预料到炸毁英国的首都对他在战术和战略上都没有什么好处。

从 1940 年 8 月 13 日至 9 月 6 日是不列颠之战艰难的第二阶段。德军集中突袭英空军基地和雷达站，寻歼英空军主力。德国飞机 8 月 24 日开始把那些致命的炸弹投向第 11 大队的 7 个雷达站。虽然英国的雷达站没有一个被完全炸毁，但也遭到严重破坏，特别是位于比金山和肯利的雷达站损失惨重。此后，英国各前线机场也遭到空袭。8 月 31 日，英国皇家空军的战斗机指挥部遇到了严重的袭击。一批又一批的德国轰炸机呼啸而来，机场的仓库和指挥大楼被夷为平地，输电线路被切断，飞机被炸毁，地面人员丧生。这一天，德国人总共扔下 4400 吨炸弹。皇家空军共损失了 39 架飞机和 14 名飞行员。从 8 月 24 日到 9 月 6 日接连 13 天，德军几乎每天都组织千机大轰炸，即平均每天出动近 1000 架飞机对英国南部的机场、空军地面部队及航空工业实施攻击。为了迷惑英国皇家空军的雷达监测人员，德军采取了一种新的战术，即让机群整天在法国沿岸飞上飞下。这些地方正好在皇家空军的雷达屏幕所能看到的范围之内，监测人员根本就无法预测究竟哪一队飞机会突然转向北方，掠过英吉利海峡，对英国发动真正的进攻。第 11 战斗机大队的 5 个前进机场和 6 个战区机场都受到了严重的破坏。在肯特海岸上的曼斯顿和利姆两个机场有好几次接连几天不能供战斗机使用。保卫伦敦的主要战斗机基地比金山 3 天内遭到 6 次轰炸，基地调度被摧毁，伤亡7名地面人员，以致有1个星期之久只能供1架战斗机中队使用。英国皇家空军的战斗机防御力量开始变弱了。在这关键性的两周中，英国被击落和重创的战斗机有290架，德国空军损失285架飞机。更糟糕的是，英国皇家空军沿海7个关键性扇形雷达站均遭到十分猛烈的轰炸，整个通讯与指挥控制系统濒于彻底摧毁的边缘。短短10天内，英国皇家空军就有446架战斗机被毁或遭破坏，103名驾驶员死亡，128名重伤，这两个数字之和是当时全部驾驶员的1/4。丘吉尔焦虑地说："如果敌人再坚持下去，整个战斗机指挥部的全部组织就可能垮台，国家就有沦陷的危险。"是的，如果德国的这种打击再持续下去，哪怕只是持续1周，英国的天空就再不会出现有组织、成规模的抵御力量。

但是，由于后来发生的一个偶然事件，使事情的发展出现了戏剧性的变化。这个事件是两名德国飞行员的错误造成的。

8月24日夜，德国空军的170架轰炸机席卷而来，它们将要袭击从肯特郡一直往北到苏格兰边界的目标。有一部分飞机奉命轰炸泰晤士河沿岸城镇罗切斯特和金斯顿的飞机制造厂，以及距伦敦20多公里处的巨型油罐储存设施。领航的飞机靠无线电导航，后面跟着一批没有这种装备的飞机。在飞往目标的途中，两架后面的飞机失去了与那些装有无线电飞机的联系，偏离了主攻的方向。

茫茫的夜空中，这两架掉了队的飞机紧挨着向前飞。突然，它们遭到了英国防空炮火的袭击，而且越往前飞，敌人的火力网越密集。此时，这两名飞行员意识到自己飞行的大方向都错了。无奈之下，他们丢弃了机上的炸弹，转头向东，向法国海岸逃去。

可是，十分不幸的是，当他们卸除炸弹时，飞机正好飞到伦敦城的上空。在从飞机上扔下来的炸弹中，有两颗落在了伦敦市的中心，克里坡盖特古老的圣贾尔斯教堂被夷为平地，附近广场上的约翰·密尔顿塑像也被从底座上被震下来了；其余的炸弹落在了伦敦城北部和东部的伊思灵顿、芬奇利、斯特普尼、托坦汉和贝思纳尔梅林等地区，炸死了一些从小酒馆里出来的顾客和看完电影从影院回家的观众。

当戈林得知发生这次误炸伦敦的事件后,大为光火,他立即给执行轰炸任务的第1轰炸航空团发了一封电报:

"立即把向封锁区伦敦投弹的部队名单报上来,空军司令要亲自处罚这些指挥官,把他们都转到步兵去。"

第二节

报复柏林

德机的轰炸，让伦敦居民恐慌不已。丘吉尔立即下令参谋部开会，研究相应措施。与会的全体成员一致作出决定：对柏林实施报复性轰炸。

会议刚刚结束，一项命令就传到了皇家空军的轰炸机指挥部，随后又通过它传到了驻扎在英国东海岸诺福克的一支汉普登轰炸机大队。轰炸机大队的飞行员立即做好了起飞准备。

夏日的夜空，繁星闪烁，月光给汉普登机场铺上了一层银色的薄纱。

朦胧之中，可以看到机场大战前的繁忙。

随着一声令下，穿着镶有羊皮边的飞行服、脚蹬飞行靴的轰炸机飞行员急速向停在机场上的轰炸机奔去。

机械师握住驾驶员的手，拍拍他们的肩头，祝他们好运。场上其他人员翘起大拇指，用特殊的方式祝愿他们的同伴胜利而归。

探照灯打开了，灯光显示出跑道的轮廓。

飞机启动了，隆隆的马达声响彻夜空。

第一架飞机闪亮着红光，开始在跑道上滑行。和其他飞机一样，这架飞机上载着6个人和许多炸弹。

第一架飞机刚刚离地，第二架飞机紧接着腾空，跟着是第三架、第四架、第五架……

飞机全部升空后，很快编好了队形，一直向东飞去。他们此次轰炸的目标是德国首都柏林。

此时，柏林的上空乌云密布。从空中俯瞰地面，目标模模糊糊，若隐若现，只有不到半数的皇家空军轰炸机找到了目标。尽管这样，轰炸机飞行员们还是把所有的炸弹一股脑儿地扔了下去。

从天而降的炸弹使毫无准备的德国人十分震惊。尽管这次空袭给柏林造成的实际损失很小，但却在柏林引起了极大的恐慌。

不列颠战役开始前，戈林曾信誓旦旦地向元首、向所有的德国人保证，英国人的飞机绝对不可能飞到柏林来，更不会把炸弹扔在柏林。他还开玩笑地说："如果它们飞来了，你们就叫我农夫。"

为了以防万一，戈林对柏林的防空着实下了一番功夫。他在柏林市部署了里外两层高射炮和数以百计的探照灯。可是，当英国人突然袭来时，缺乏应有准备的柏林防空部队措手不及。而且那天晚上面对在厚厚的云层上飞行的英国轰炸机，他们是只闻其声，不见其影，只好瞎子打炮，乱轰一气。结果，一架飞机都没有打下来。

英国皇家空军对柏林的轰炸，使戈林狼狈不堪。为了挽回脸面，他向希特勒保证说："以后不会再出现这种空袭了。"但是，丘吉尔决定把轰炸柏林的行动继续下去，直到希特勒作出符合他意图的决定时为止。

"二战"期间的柏林市区

在英国皇家空军又接连对柏林进行了三次夜间空袭之后,希特勒坐不住了。他召见戈林并命令他准备好轰炸机部队,发动一次大规模报复行动。

9月4日,就在英国皇家空军进行了第四次夜间空袭之后,希特勒命令在柏林体育馆举行一次大规模的群众集会。

在这次集会上,希特勒慷慨激昂地进行了演讲。他说:"丘吉尔先生正在展示他的新招术,他进行这些空袭并不是因为这些空袭多么有效,而是因为他的空军无法在白天飞临德国上空。"

接着,元首让他的听众们放心,他计划对英国人这种愚不可及的做法采取坚决的行动:"当他们说他们将加强对我们城市的袭击时,我们将把他们的城市夷为平地。我们将制止这些夜间空中的强盗行径,愿上帝帮助我们!当英国空军扔下3000或4000公斤炸弹时,我们将在一次袭击中扔下30万或40万公斤炸弹……在伦敦,英国人一直在充满好奇地问:'他为什么不来呀?'别着急,别着急。我们就来了!就来了!……总有一天,我们两个国家会有一个要求饶,但这决不会是我们的国家——社会主义的德国!"就这样,希特勒在一个关键的时刻,犯了一个影响不列颠战役全局的关键性错误。

实际上,希特勒和戈林如果能坚持原来的空袭战略不变,英国可能很快就坚持不下去了。但性急的希特勒和戈林已经等不及了。他们考虑到英吉利海峡的秋季大风即将来临,如果不抓紧时间,德国入侵的舰船就不能在1940年跨过英吉利海峡,那么"海狮计划"就要告吹。可是,从海上入侵英国的最重要的条件——制空权,至今仍牢牢掌握在皇家空军的手中。

希特勒和戈林当然无法知道,此时的英国皇家空军已接近山穷水尽的地步。问题不是出在飞机上,而是出在开飞机的飞行员上。英德空战以来,由于得到全国民众的支持,英国皇家空军战斗机的生产得到了加强,飞机的损失及时得到了弥补。但飞行员的损失却不能及时补充。仅8月份的最后20天,皇家空军的飞行员就有94人丧生或失踪,另外有60名飞行员因被打伤或烧伤，住在医院里治疗。这样，就大大影响了皇家空军可以出动作战的飞机的数量。道丁上将为这事天天愁眉不展，也拿不出更好的办法。

德军通过战果统计和英国战机的出动情况分析认为，英国皇家空军虽然已损失了1100架飞机，但并未被摧毁。而德国空军自己的问题却迫在眉睫。每天可参战的飞机数字下降到低于建制的500架，可参加战斗的飞行员数量也急剧减少。

戈林沉不住气了。他建议最高统帅部采取新的战略，将空袭的目标转向摧毁英国首都伦敦。他认为有充分的理由相信，只有攻击伦敦，"才能迫使英国战斗机离开他们的老窝，被迫与我们公开交手"。更重要的是，"这样做，可以使世界上这个最大城市陷入混乱和瘫痪，使英国政府和人民产生畏惧心理，从而屈服于德国的意志"。

这一次，他们的算盘珠又打错了。他们这样做恰恰给精疲力竭的英国空军一次宝贵的恢复机会。

完全可以说，是德军轰炸重点的转移拯救了濒临绝境的英国皇家空军，使几乎无力支撑的皇家空军战斗机指挥部得到喘息，使英国空军满目疮痍的雷达站得以修复，从而拯救了濒临崩溃的皇家空军，拯救了英国。

9月5日，戈林一大早就乘坐他的专列，来到了法国北部。次日晚上，在加来港和布洛涅港之间的一条铁路上，他为航空队的指挥官们举行了一次宴会。戈林告诉指挥官们："从现在起，我将亲自指挥这场战役。"

9月7日的傍晚，当德国大批机群起飞准备轰炸伦敦时，英国空军上将道丁正在本特利修道院里办公。

他的助手空军少尉怀特带着一脸凝重的神色来到他的办公室，有些不安地对他说："雷达发现德国大批飞机起飞，轰炸目标难以判断。"

两人来到了调度室的观望台，他们看着下方那张桌子上铺开的一张英吉利海峡和英国的巨幅地图。"空军妇女后援队"的姑娘们穿着蓝色的衬衣，头戴耳机，正在用长棍子推着地图上的板块。每个板块都代表一个机队，随着新的情报不断从外面的监测站传来，这些板块的位置也在迅速地

英国皇家空军指挥中心

移动着。板块在桌上被推来推去，而且不断有新的板块被放到桌子上。

道丁此时已能看出，图上摆出的这个进攻阵势的确很大。所有的迹象都表明这可能是迄今最大的一次进攻。已经有250架轰炸机和500架战斗机在海峡上空了，而且还有更多的飞机在加莱后面聚集。

道丁全神贯注地看着地图，直到他看到皇家空军第11大队的指挥官帕克的"喷火"式和"飓风"式飞机已经升上天空时，才松了一口气。

道丁知道，帕克将指挥他的飞行员们按既定的战术行动。在过去两周的空战中，这套战术十分有效。皇家空军的战斗机飞行员驾机在7000米的高空盘旋等待，他们通过空中到地面的电话通信系统每分钟都能从战斗机指挥部得到情报。德国空军大型机队通常是在到达英国海岸上空时再突然分开，分别进攻不同的目标。在高空待机的皇家空军指挥官一旦得知进攻的德军机队分散了，便像猎人第一眼看到狐狸那样，大喊一声"嗬嗬！"命令飞行员们分别出击。随后，皇家空军的飞行员就会一队队地俯冲下来，与敌人战斗，在敌人尚未到达目标之前尽可能多地击落敌机。

当道丁注视着那幅大地图，想着皇家空军将如何行动时，突然产生了一种不良的预感，他后来回忆说，当时的感觉"犹如一把匕首插进了心脏"。他想：如果进攻的飞机这一次不散开，而是整体一起行动怎么办？如果他们突然进攻伦敦怎么办？英国空军没有对付这种意外的准备。想到这里，道丁不禁打了一个寒战。

正在这时，道丁听到他的助手说："这就怪了，他们好像并不准备散开，是吗，先生？"

大约有300架轰炸机，在600架"梅–109"和"梅–110"的护卫下，正在飞往英国的途中。

第一批飞机自东边飞过来后直奔泰晤士河。它们沿河而上，有几架飞机把炸弹投到了泰晤士河畔的油罐上。这些油罐在头一天的空袭中就被点燃了，大火还在燃烧着。另外一批大约150架飞机则向伦敦飞去。这些轰炸机飞得比平时高很多，达到了5000米的高度。在这些轰炸机的水平高度，由"梅–110"飞机编队在四周护航；在这些轰炸机的上面，"梅–109"飞机以梯状队形迂回巡逻，随时准备对付皇家空军的战斗机。

此时，空中显得特别安静，没有发现一架皇家空军的战斗机进行拦截。原来，英国战斗机部队估计德军轰炸的目标还会是皇家空军的战斗机基地，他们全都起飞去保卫这些目标，恰好让出了飞往伦敦的通道。

当德机到达泰晤士河上空时，部署在两岸的英军防空炮火开火了。但是，由于飞机飞得太高，高射炮怎么也打不到它们。

很快，伦敦城的轮廓出现在德军轰炸机驾驶员的目光中，飞机开始"下蛋"了。

遭到轰炸的第一个目标是位于泰晤士河南岸的伍尔维奇兵工厂，英国陆军的炮弹和皇家空军的炸弹都是这里生产的。炸弹直接击中了厂区目标，滚滚的浓烟和熊熊的烈火像一支支巨大的火箭直冲天空。

下一个目标是伦敦港口区的码头和仓库重地。接着，它们又攻击了维多利亚和艾尔伯特码头、西印度码头和商业码头。当炸弹落到这些地方时，轮船沉没，桥梁和人行道被炸塌，起重机倒在水里，泄漏在水面上的油熊熊燃烧起来。

后面飞来的轰炸机已不需要指示目标，那些飞行员只要看见他们下面有烟有火就往下投弹。

德军轰炸机的轮番轰炸，很快就把伦敦东区简陋的街道和过于拥挤的房屋炸成了废墟。西弗尔镇、坎宁镇、莱姆豪斯、巴尔金、泰晤士大桥、

血色长空 不列颠空战

废墟里看书的英国人

坡普勒和米尔沃尔区都成了一片瓦砾。

英国皇家空军不顾一切地想挽回颓势。帕克已经把第 11 大队的所有飞机都派上了天，并急速飞往伦敦。道丁命令第 12 大队的司令官马洛里立即全力支援帕克。

很快，两个大队的战斗机破开了由"梅–109"和"梅–110"组成的保护层，皇家空军的战斗机飞行员们带着决一死战的决心，向那些轰炸机俯冲下去。

伦敦人惊恐万状地盯着天空，看到一架又一架的德国轰炸机起火冒烟，向那些被毁的街道废墟栽下去。这时，他们惶惶不安的心情得到了一些缓解。

这次空袭大约有 400 人死亡，上千人受伤。伦敦的码头遭到了严重的破坏，许多人无家可归。德国飞机在返回基地时，被击落 47 架。

戈林打电话告诉他的妻子艾米说："英国首都已是一片火海。"随后，他又通过电台向德国人民发表了讲话。他以充满狂喜的声调对德国人民说："伦敦已成为德国空军的靶子，我们一拳击中了敌人的心脏。"戈林还向德国人民保证，今后这种打击将会更多。

第三节

皇家空军胜利

伦敦的被袭，使道丁深感内疚。他知道，是自己在指挥上的疏忽增大了不应有的损失。

次日，道丁下令空闲防区抽调最优秀的飞行员来加强第11航空大队，同时，还从南部、西部和中部各城镇的防御系统中的许多重型高射炮连调往伦敦。几天之内，伦敦上空逐步建立起一道异常密集的火力网。这道火力网虽然没能击落多少进犯的敌机，但却使德机不敢肆意横行。

幸运的是，9月8日德国空军并未再次大规模空袭伦敦。可是，在9月9日，又有200架以上拥有强大护航力量的轰炸机于下午5时至6时空袭伦敦。不过，这回皇家空军已经有准备了。

就在雷达站刚刚发出有大量敌机飞越英吉利海峡的警报时，皇家空军的"喷火"式和"飓风"式飞行中队立即起飞。

当德军第一批几乎全被战斗机团团护卫着的轰炸编队飞到多佛尔上空时，帕克的两个飞行中队猛扑了上去。

皇家空军得到的命令是："飓风"式战斗机袭击敌轰炸机，"喷火"式战斗机对付敌战斗机。

英德双方的战斗机一对一地追逐紧咬，展开生死搏斗，蔚蓝色的晴空布满了一道道令人眼花缭乱的白色雾化尾迹。这是给德国轰炸机飞行员的有力警告：休想在不受到攻击的情况下到达伦敦上空。

在苏塞克斯上空，帕克的另外三个飞行中队向一群德机发动猛攻。皇家空军战斗机的凶猛攻击把德军轰炸机赶到西面，使其陷入了帕克另一个飞行中队和由达克斯福德起飞的整整一个联队的攻击之中。德机顾不上瞄准就仓皇投弹，炸弹散落在伦敦的西南部，以及切尔西和里士满之间的伦敦郊区。

在这两批德国轰炸机中，能飞临伦敦居民区的连一半也不到。几乎没有什么军事目标和工业目标被击中。德国空军损失28架飞机，皇家空军损失19架战斗机。

如果说首次空袭伦敦的成功，曾使得某些德国人相信皇家空军已濒临山穷水尽的地步的话，那么，这一次皇家空军战斗机所表现出的强大威力，则使得他们大为惊恐。在皇家空军的辉煌战果面前，戈林所有的大话都显得十分荒唐。同时，这也使德国海军作战参谋部有理由强调说：很明显，德国还没有取得入侵所必需的无可争辩的空中优势。

9月10日，德国空军再度猛烈空袭伦敦。一支由100架轰炸机组成的机队在密集如云的梅式飞机的簇拥下，成功地窜入船坞区和市区上空，造成巨大破坏和惨重伤亡。同一天下午，一支编队严密的德国机队轰炸了南安普敦附近一家新建的飞机厂。

这一天，皇家空军战斗机司令部确实不走运，因为它在击落29架德机的同时，自己也损失了25架飞机。9月14日德机对伦敦的第四次白昼空袭只遭到微弱的抵抗，德国空军以14架飞机的代价击毁了14架皇家空军战斗机。

9月10日以来的情况似乎表明，皇家空军的战斗力受到了很大削弱。在这种情况下，希特勒通知陆海军三军将领，准备实施"海狮计划"。但是后来，由于皇家空军轰炸机部队的英勇作战，使希特勒不得不又一次推迟计划。

9月初，德国已在法国各港口内集结了1000艘以上的驳船，此外还有600艘停泊在内河上游的安特卫普港。这些船只成了皇家空军轰炸机部队的大好目标。

每天晚上，这些轰炸机携带着最大限量的炸弹，飞越海峡作近程轰

德国驳船

炸。在两个星期的持续轰炸中,它们不仅炸毁了12%的准备入侵的船只,而且还摧毁了港口附近的登船器材和通信设备,破坏了德军对已选定的入侵航道的扫雷工作。

英国轰炸机上的飞行人员从飞机上可以清楚地看到,每天晚上,从布伦到奥斯坦德这一带的整个法国海岸,似乎被吞噬着驳船和港口设施的烈火抹上了一层红色,无数颗炸弹就在这一大片火海中纷纷爆炸。这番景象,再加上无休止地向他们驾驶的轰炸机射来的各种色彩的曳光弹雨,构成一幅奇特的图画,他们幽默地将这段海岸线称为"黑潭战线"。

第七章

决战大不列颠

第一节

危机及转机

9月15日,戈林决定加强对伦敦的轰炸。他命令他的轰炸机和战斗机竭尽全力进行"一场最大的战斗"。

这位德意志的帝国元帅在过去的一个星期里,时而欣喜若狂,时而疑虑满腹。一方面,有关英国首都遭到破坏的报告使他欢欣鼓舞,他已完全相信,伦敦人死得越多,英国其他地区要求讲和的愿望就会越强烈。有好几次他向他的下属保证:"海狮行动"将无须执行了,因为德国空军显然已经控制了英国的天空,无须一个德国士兵打到英国海岸,仅靠空军就能把英国人制服。

而另一方面,当戈林听到德国空军在英国上空受损失的报告时,他又陷入了深深的沮丧之中。他有一次去视察在法国北部的德国空军部队,所到之处怨声载道,这使他闷闷不乐。轰炸机部队说他们得不到足够的保护,战斗机部队说伦敦处于航程极限的边缘,所以他们只能打一二十分钟的仗就得飞回来。

战斗机和轰炸机部队的将领都在为日益增多的损失发愁。轰炸机不断地被那些德国空军情报部门宣布为不复存在的皇家空军的战斗机中队所击落。战斗机也接二连三地被打下来,因为它们燃料不足,无法在空中的激战中随机应变,一些飞机因为油箱耗空,直接栽到了加莱的海岸上。

戈林极尽花言巧语安慰这些满腹怨气的部队,他向官兵们保证,再进行最后一次大规模的白天袭击,就会全部结束,皇家空军将被一举全歼。

伦敦遭受的打击如此沉重，它除了投降之外别无选择。

然而，此时的德国空军，已非空战开始时的德国空军了。其轰炸机力量已丧失一半，战斗机也损失严重。为了使一支战斗机队在掩护了一批轰炸机出击之后立即再去掩护下一批，德国空军指挥官们不得不煞费苦心地安排轰炸机的出击和战斗机部队的护航。

9月14日晚，德国空军指挥部根据戈林的指示，经过精心筹划，制定了第二天的作战方案。他们要将自己的全部力量拿出来，在英格兰南部与皇家空军一决高低。

1940年9月15日，星期日，一个金色秋日的黎明来到了。

这天天色柔和，阳光温暖宜人，能见度良好。年轻的皇家空军战斗机飞行员早已在整个英格兰东南部和伦敦周围的机场值班室内集结待命。

指挥皇家空军英格兰南部空战的，是第11航空大队的帕克少将。9月14日整个晚上，他在指挥部彻夜未眠。根据所掌握的情报，他知道第二天德军将出动大批次飞机进攻，他与他指挥部的其他人员共同制定了一个周密的应对方案。

帕克少将

9月15日上午，英国首相丘吉尔也来到了位于地下15米的帕克的作战指挥室。

第11航空大队作战指挥室像一座小剧场，纵深约20米。一共有两层。丘吉尔坐在楼上的特别座厢里。在他的下面是一张大型地图台，地图台的周围约有20名受过良好训练的青年男子和妇女，以及他们的电话助手。在首相的对面，悬挂一块遮盖了整面墙壁的大黑板，黑板分成6个装有若干灯泡排列的纵行，代表6个战斗机驻防中心。这些驻防中心的每个战斗机中队又有它自己的小格，并且用横线划开。当最下面的一排灯泡亮了的时候，就表示中队已经完全做好准备，能在命令下达后两分钟内"立即起飞"；倒数第二排灯泡亮了的时候则表示中队已经"准备完毕"，能在5分钟内起飞；倒数第三排灯泡亮时表示中队已经将要做好准备，能在20分钟内起飞；倒数第四排灯泡亮时，表示中队的飞机已经起飞；倒数第五排灯泡亮时，表示中队已经发现敌机；倒数第六排灯泡是红色灯泡，当这排灯泡亮时，表示中队正在与敌机战斗；而最上面的一排灯泡亮时，则表示中队已在返航。

在丘吉尔的左边一个类似玻璃座厢的小屋子里，有四五名空军军官负责分析、判断从对空监视哨收到的情报；右边是另外一个玻璃座厢，里面是陆军军官，负责报告英国高射炮队的作战情况。

丘吉尔在特别座厢里坐了一会儿，向楼下走去。看到丘吉尔走来，帕克迎上前去说："我不知道今天会不会发生什么情况。目前还平静无事。"

丘吉尔看到，帕克满面倦容，一副心事重重的样子。是啊，保卫伦敦的重担，压得他喘不过气来。

一刻钟以后，作战指挥室的气氛紧张起来了。丘吉尔看到，空袭坐标员开始来回走动，把接到的敌机入侵的情况摆在大型地图台上。

据报告，40多架敌机正从迪埃普地区的德国机场飞来。当各个中队完成"立即起飞"的准备时，墙上的指示牌底层的那一排灯泡也随着亮了。紧接着传来了"20多架""40多架"的信号，很显然，10多分钟后就要进行一场激烈的战斗了。天空中开始布满了英德双方的飞机。

信号接连传来，"40多架""60多架"，甚至有一次是"80多架"。在丘吉尔下边的那张桌子上，标图员们每分钟都在沿着敌机飞来的路线推动队标，标明所有分批入侵的敌机行动。丘吉尔对面的黑板上，一个接一个地亮起来的灯光表示皇家空军的战斗机中队已经飞入上空，直到最后只留下四五个中队处于"准备完毕"的状态。

不久，红灯表明第11航空大队大部分的战斗机中队都已投入战斗。忙碌的坐标员仍在根据迅速变化的情况来回推动队标。帕克空军少将不时地发布如何部署他的战斗机队的指示，坐在楼上"特别座位"中心的一位青年军官根据他的指示，做成详细的命令，传达给各战斗机队的机场。丘吉尔就坐在那位青年军官的旁边，看着他发布命令。

转眼之间，第11航空大队所有的战斗机中队都已投入战斗。此时，有些飞机已经开始飞回来加油了。所有的战斗机都在天空中，下面一排灯光熄灭了，这表明留作后备的中队，一个也没有了。

这时，帕克打电话给驻在斯坦莫尔的道丁上将，要求从第12战斗机大队抽调3个中队归他指挥，以防当他自己的战斗机中队正在补充弹药或加油时，敌人再来一次大袭击。

道丁满足了他的要求。三个增援的中队很快就加入了战斗。这时，战场形势依然十分严峻。丘吉尔觉察到，帕克显得有点焦躁不安。从战斗打响到这时为止，丘吉尔一直默默地察看，没有说过一句话。

现在，丘吉尔走到帕克身旁，轻声问道："我们还有什么其他的后备队吗？"

"一个也没有了。"帕克空军少将在回答丘吉尔的问话时，心情"显得很沉重"。

丘吉尔心里很清楚，此时皇家空军的飞机大多数需要返回基地加油了，如果加油的飞机在地上又受到"40多架"或"50多架"敌机袭击的话，那损失将会有多么惨重啊！他不由得担心起来。

事实上，当时的情况的确很危急，如果这时真的有几十架德国飞机进攻，帕克没有任何对付的办法。

又过了5分钟，黑板上的灯泡显示，大部分的中队都已降落，它们需要加油。

此时，指挥部的气氛好像凝固了，人人都瞪大眼睛盯着地图台，看着上面标示的德国飞机运动的方向。

真是万幸，桌子上移动着的坐标表明德国轰炸机和战斗机不断地向东移动，它们飞回去了。几乎所有的人都长长地出了一口气。

最高兴的就数帕克少将了，他喜形于色地对丘吉尔说："首相，我们感到高兴的是，你亲自看到了这次空战。在最后20分钟，情况太复杂了，我几乎无法应付了。你由此可以看出我们目前力量的极限。今天使用的力量远远超过了我们力量的限度。"

丘吉尔的心情也很好，他微笑着问帕克："战果报上来了吗？"

"还没有。"帕克回答。

"报上来后赶快告诉我，"丘吉尔接着说，"这次打退敌人进攻的空战打得很好，我向你们表示祝贺！"

帕克回答说："我感到不满意的是，我们截击到的敌机不如原来希望的那样多。显然，敌机突破了我们的防线。据报告说，有好几十架德国轰炸机及其护航战斗机进入了伦敦上空。"

"关键是我们取得了胜利！"丘吉尔安慰他说。随后，丘吉尔离开了作战指挥室。

第二节

德军空军的失利

午后刚过两点，雷达再次发出警报，德军又发动了第二次攻击。德机在兰讷斯和多佛尔之间进入海岸，分成3个编队向伦敦飞来。

帕克命令6个中队成双起飞，去迎击尚在海面上空的敌方机队。

当德国飞机像无边无际的潮水似的越过海岸时，又有两组结队成双的飞行中队和三个半单独行动的飞行中队迅速飞向敌机。它们是巴德的联队和布兰德的若干战斗机中队。

这次飞来的德军轰炸机群，可没有层层战斗机为其护航了。在上午的激战中，德军有大量的"梅–109"战斗机被击落或遭重创，使德军的护航机更显不足了。

此时，云层开始从英格兰东南部上空向伦敦上空压来。向伦敦隆隆飞来的德国轰炸机群编成两支单独的机队，各由一支少量的"梅–109"机队紧密护航着。与此同时，一支奉命廓清伦敦上空英国战斗机的高空飞行的德国战斗机庞大机队也向伦敦涌来。

皇家空军的战机与敌人交火了。从霍恩彻奇起飞的战斗机在肯特上空与德机展开激战。由坦格米勒起飞的两个飞行中队扑向德军轰炸机队的左翼，迫使多架德机仓促投弹，匆匆逃窜。

当德国战斗机队的前锋机群到达特福及肯特周围的乡村上空时，遭到皇家空军大约15个战斗机中队的阻击。

战斗机旋转翻滚，在深邃蔚蓝的9月晴空里，到处飘散着一条条纵横

"梅-109"战斗机

交错的白色雾化尾迹。

那天下午，德机对波特兰的牵制性攻击虽然避过了英国战斗机的截击，到达了目的地，但是并没有造成多大破坏。在此同时，飞去轰炸南安普敦附近"喷火"式飞机工厂的密集机队，也没有命中目标。

正当伦敦上空的空战达到高潮的时候，一批较小的德国轰炸机，无战斗机护航，越过海峡向波特兰飞来。防空雷达提前半小时发出了预警，但是低估了来袭德机的兵力。当时在米德耳瓦洛普防空分区只剩下一个中队可供使用，结果该中队只是在德机返航途中进行了截击。6时左右，另一批德国轰炸机在双发动机战斗机的护送下接近汉普郡海岸。提前20分钟的预警使得第10和第11大队来得及在德机到达之前派出4个中队，后来又派出了第5个中队，但在德机投弹之前都没有能够完成截击。

9月15日结束时，德国空军轰炸机飞行员的士气空前低落，尽管这一天德机在对伦敦的两次袭击中，被击落的实际数目不超过60架（皇家空军损失26架），但是有好几十架轰炸机摇摇摆摆地返回基地时，已是千疮百孔、弹痕累累。许多飞机上都有一名或一名以上的空勤人员被打死或受重伤。

这一天，皇家空军战斗机司令部两次都出动了300架以上的战斗机在英格兰南部上空飞行作战。

在这个具有特殊意义的日子之后，德国空军再也不想同英国皇家空军展开大规模的战斗了。

9月16日，德国空军的战斗机和轰炸机几乎全部躲在老窝里不肯出动。

"不用说，我们的轰炸机和战斗机部队在物质、人员和士气等方面，都蒙受了惨重的损失。每一个飞行员都对是否能继续展开空中攻势表示怀疑。"德国战斗机飞行员加兰这样写道。他说："事物不可能总是一成不变的，你可以扳扳手指算一算，什么时候该轮到你了。概率论的逻辑无可争辩地向我们显示：'一个人经过这么多次的飞行，死期也不远了，有些人早一点，有些人晚一点。'我们看到一个又一个同伴，久经战斗考验的老战友，相继从我们的行列中消失……"

9月17日，希特勒本人也承认，皇家空军"仍然丝毫未被击败"。他决定，入侵暂不实施，"以待后命"。

第二天，由于英国轰炸机司令部的空勤人员倾全力猛烈轰炸德军供入侵使用的驳船，希特勒又命令所有的驳船立即疏散。这时，德国谋划已久的全面入侵英国的"海狮行动"，实际上已经泡汤了。

9月15日以后，德机空袭骤然转入低潮。尽管德机对伦敦和其他大城市，如伯明翰、利物浦、考文垂、布里斯托尔、南安普敦和加的夫等地依然进行狂轰滥炸，但是，这些轰炸再也没有达到9月15日那样的规模和强度。

这是决定前途命运的殊死搏斗。

德军终于狼狈逃窜了！在这个具有特殊意义的日子之后，德国空军再也不敢与英国空军进行大规模的拼杀了，它再也损失不起了。丘吉尔激动地说："这一天是世界空战史上前所未有的、最为激烈的一天。"

第三节

"血凝气绝"的考文垂

德国空军9月15日受到的挫折，必然使他们对战役新阶段开始以来采用的战术方针产生了怀疑。9月7日以后，德国空军已经损失飞机200余架，其中半数以上为轰炸机。英国方面认为，有许多德机之所以被击落，是因为直接护航的战斗机的数量不足。而德国战斗机的飞行员却持不同的看法。他们认为，对行动缓慢、载荷沉重而又飞得很高的轰炸机进行直接护航，是他们力所不能的事。戈林曾经有一次问过德国空军第26轰炸机联队的联队长，怎样才能提高他获得成功的机会，回答是"我请求用'喷火'式飞机装备我们的战斗机部队"。为了同他们的保护对象齐驱并进，护航战斗机不得不采用蛇形航线，因而要时时远离轰炸机，丧失了某些行动上的自由权。当有人问戈林他本人对此项争论将如何裁决的时候，戈林表示同意轰炸机人员的意见。

9月16日和17日，恶劣天气使德机未能对伦敦实施昼间轰炸，而希特勒也正是在17日下达了无限期推迟"海狮"作战的命令。姑且不论究竟是什么原因促使他做出了这个决定，从表面上看，至少说明德国空军没有能够完成任务。从此以后，德军最高统帅部放弃了通过昼间轰炸以获取迅速胜利的希望，而恢复采用通过夜间轰炸和海上封锁的方法以削弱英国的抵抗能力的方针。

尽管如此，昼间空战并没有因此而宣告结束。在9月份剩余的日子里，每天都有轰炸机小编队突击伦敦。德国战斗机除了对较大的机群提供护航和掩护以外，还进行牵制性的游弋活动。

英国皇家空军的帕克也在9月15日以后对过去几天来的经验教训加以总结。经常出现的一个缺点就是，奉命去共同执行任务的两个中队未能汇合在一起，原因之一是指挥部有时给他们规定的汇合点的距离太远，在取得汇合以前英机就与德机遭遇上了。有时，进行牵制性游弋活动的德国战斗机几乎把英国空军第11大队的全部兵力都吸引住了。有时，对由两个中队组成的编队的调动不妥善，使之极易成为担任高空掩护的德国战斗机实施俯冲攻击的目标。为此，帕克通知大队和防空分区的控制员，以后必须做出专门的安排，使用成对的"喷火"式战斗机中队去对付在高空飞行的德国战斗机，而且要注意两个中队的汇合地点，使他们在爬高过程中避免受到德机的俯冲攻击。在已知有高空飞行的德国战斗机正在接近的情况下，必须在防空机场附近部署足够数量的"飓风"式战斗机中队，而在外围机场待命的其他中队则必须严密注意尚未发现的德国机群的动向。第11大队在战役的这个阶段取得的经验就是：战斗的胜利不仅取决于能够及早出动足够数量的中队，还取决于留在地面的那些中队是否做好了战备安排。

1940年11月14日，英国军需工业基地考文垂的居民结束了一天紧张的劳动，大部分人在吃晚饭。晚上7时，空袭警报长鸣。考文垂居民还来不及躲避，德国飞机已经进入城市上空。

德国首先袭击的目标是自来水厂，没了水，市民就无法救火。继之将袭击目标定为电厂、煤气厂、电话局、下水道和交通系统等，可使城市"血凝气绝"，陷于瘫痪。德国轰炸机一批又一批，不肯放过城市任何一个角落。

凛冽的冬风将燃烧弹的火球刮向四面八方，全城陷入火海之中。消防车开到街上，橡皮轮胎马上被地面的余烬烧熔了，空着铁轱辘爬行。市中心14世纪所建的圣马可教堂，这个英格兰引以为豪的艺术瑰宝，被燃烧弹击中，持续烧到午夜，教堂圆顶轰然坍陷，拱门倒塌，只剩下了四壁残墙和一个钟塔。

轰炸后的考文垂

　　从晚7时到翌晨2时，德军共投下炸弹5万枚，其中燃烧弹3万枚，还有180枚由降落伞投下。德国飞行员曾回忆说，飞机飞离英国海岸（考文垂距海岸180公里）时，还能看到考文垂的冲天火光，"这个城市肯定完蛋了"。

　　考文垂确实接近"死亡"，市中心夷为平地，工厂被破坏三分之一，军工生产瘫痪，市民被炸死584人，炸伤865人。

　　接着，德国飞机又连续袭击了几次，到1941年4月的一次大轰炸为止，考文垂地面设施基本摧毁，5万所房屋化为灰烬，市中心原有3000所房屋仅存30所，25万人的繁荣城市成了"死城"。考文垂是英国遭受轰炸最惨重的城市，因此它在英文中也成了"极度毁灭"的同义词。

第四节

"超级机密"

在伦敦郊外的一片绿树丛中,有一个神奇的庄园——布莱奇雷庄园。它是一幢维多利亚式建筑,优美的造型令人叹为观止。令人十分奇怪的是,在这座装饰华丽的建筑周围,还有不少小窝棚,看上去极不协调。这究竟是一个什么地方呢?

原来,这是英国密码破译机构的所在地。那些小窝棚是因为破译工作量增大,庄园的房间容纳不下那么多人员和设备而仓促盖起来的。

在这片不起眼的居住区中,聚集了众多的杰出人才。他们之中有的是数学家和语言学家,有的是国际象棋大师和方格字迹填写专家,也有的是电气工程师和无线电专家,更有银行职员和博物馆馆长。

这里是一个充满神秘色彩的地方,除了在这里工作的人员以外,只有英国国家首脑人物和最上层的情报官员才能到这里来。至于其他的人,无论职务再高,也"谢绝入内"。

这里工作人员的任务只有一个,就是利用一种先进的机器,破译德军发出的密码电报。后来,从这里发出的情报一律使用一个代号——"超级机密"。"超级机密"便是来自布莱奇雷的情报。

就是这个布莱奇雷庄园的"超级机密",使皇家空军在不列颠战役中大大受益,以致有人把"超级机密"视为英国看不见的"王牌战机"。

"超级机密"究竟是怎么回事呢?这要从大战开始的数年前纳粹使用的一种特殊密码说起。这种密码不是由数学家设计的,而是由一台机器编

尘封在历史中的"超级机密"

制的。这台机器被恰如其分地称作"谜"（译音为"埃尼格马"）。

1938年6月，英国情报6处的副处长孟席斯上校接到了在东欧的一名特工人员吉布森少校的报告：一名拒绝说出自己真实姓名的波兰犹太人通过英国驻华沙使馆同吉布森接触，声称他曾在德国首都柏林制造"埃尼格马"机器的秘密工厂当过技术员和理论工程师。后来因为他是犹太人，被驱逐出德国。现在，他提出可以凭记忆为英国制造一部最新式的军用"埃尼格马"密码机。他要求给予一定的报酬，同时给他及其亲属发英国护照，并允许他们在法国居住。

孟席斯上校接到这个情报后，向英国情报当局作了报告。后来经过几个月的调查和甄别，英国方面认为这个犹太人的话是可信的，因此决定答应他的条件。

这个犹太人被秘密转送到法国。英国情报人员为他安排了一个十分秘密的居住地点，并为他的复制密码机的工作提供了必要的条件。那人根据记忆，不久就复制出一台"埃尼格马"密码机。用英国密码分析局雇员的话来说，"那是一部完美的密码机，是仿制工程的一个奇迹"。仿制出来的"埃尼格马"密码机看上去很像一台老式办公打字机。它的前部有一个普通的键盘，但在上端真正打字机的字键敲打的地方，则是闪现微光的另一个字母的扁平面。操作时，密码员按动字母"A"键，电路沿弯曲的复杂线路一连穿过4个转子，然后撞击反射器，再沿不同的线路返回穿过转子线路，机器上便闪现出"P"字母。转子线路异常复杂，当时就算是具有相当水平的技术人员也无法对之进行分析。此外，转子可随时变换，电子线路也会随之完全改变。机器前部还有一组插头，也可随意变换，以此再次改变各条线路。而改变转子或线路，就意味着产生一组新的编码。

按照这种方法译成密码的电文，发给拥有同样一台机器的电报员后，对方把机器的转子和插头调整到和"发送"机器一样的位置。他只要打出密码，上述发报过程即可颠倒过来，即按下键盘上的字母"P"，机器上部就可闪出原来的字母"A"，从而准确地还原电文。

"埃尼格马"密码机是德军情报人员的骄傲。德军最高统帅部通信总长费尔吉贝尔上校说："这种密码机是绝对可靠的。由于使用时只需调节一下转子和插头，机器瞬间就可产生无数不同的密码，即使被敌方缴获，也无关紧要。"

对于破译人员来说，因为机器编码复杂，如果没有"埃尼格马"密码机，即使是最出色的数学家也需进行很长时间研究才能破译。对于瞬息万变的战场来说，这种过时的情报的价值已大打折扣了。

同时，"埃尼格马"密码机的调节程序十分复杂，并且经常变化。如果不了解变化无穷的调节程序，就是拿到机器也毫无用处。

犹太人仿制的密码机，帮了英国人大忙。然而好景不长，仅仅一年以后，即到了1939年夏季，德国人又制造出了更加先进和复杂的密码机。这样，英国的情报人员又不得不想尽一切办法破解新的谜团。

正当英国情报人员受到德国新密码机的困扰时，波兰军事情报部门出于战略上的考虑，将他们数年工作的破译成果，以及仿制的样机转让给了英军情报部门。为了对付来自德国的威胁，波兰情报部门很早就开始了对纳粹密码机的研究，他们所取得的成果超过了英国。波兰人转让给英国的除了有"埃尼格马"样机外，还有可以确定密钥设置、解开其密码的"博姆"机。

波兰的"埃尼格马"样机和"博姆"机的图纸抵达英国不到一星期，德国军队便开过了波兰边界。消息传到布莱奇雷庄园，专家们默默无言。英国的情报专家诺克斯缓步走到窗前向外凝视着，他的双眼湿润，喃喃自语道："波兰，就像一名武士倒下之前，将自己的利剑递给盟友，了不起啊！"

英国情报人员在富于创造性的波兰人奠定的基础之上，向德国情报机构的机密发起了冲刺。这一过程中，由于两个关键人物的出色表现，加快了解开纳粹谜团的步伐。这两个人一个是诺克斯，另一个是图林。

诺克斯是一个又高又瘦的中年人，戴着一副高度近视眼镜。他父亲是曼彻斯特的主教，两个哥哥一个是罗马天主教高级教士，另一个是《笨拙》周刊的编辑。诺克斯本人是个数学家。第一次世界大战中，他进入英国海军部的密码分析局，同其他学者一道，成功地破译了几乎所有的德国当时的外交和军事密码。其中，德国三个字母的海军旗语密码，就是他在一次洗澡时灵感偶发而破译的。第一次世界大战后，他留在了由英国外交部政府密码学校控制的密码分析局。几乎所有的英国密码破译人员都认为，诺克斯是世界上第一流的密码专家，是少见的密码破译奇才。

图林是诺克斯的助手，是一位身材矮胖结实的年轻人。图林毕业于英国剑桥大学，他在上学时所表现出来的数学天才，令校长和数学系的师生们十分惊叹。这个奇怪的

艾伦·图林

年轻人经常有许多奇妙的设想和构思。他进入英国政府的密码学校后，专门从事这方面机械的研制工作。在这里，他的天才得到了充分发挥。

经过诺克斯和图林的共同努力，一部"万能机器"研制成功了。这部两米多高，外形像一个老式钥匙孔的机器，实际上是一部最早的机械式数据处理机。使用它可以把"埃尼格马"的密码解密。随着越来越多的数据的输入和使用人员经验的积累，这种机器解密的效率越来越高。

1940年5月的一天，天空明净，阳光明媚。在大选中刚刚获胜不久的丘吉尔正在他的办公室忙碌着。这时，已经提升为情报6处处长的孟席斯走到首相的办公桌前，向他递交了一个纸条。

丘吉尔接过纸条扫了一眼，只见上边写着有关德国空军人员的调动和驻丹麦德军的补给分配等详情。这份情报价值不大，丘吉尔看后随手将它扔到桌上。

但是，当丘吉尔抬起头来看到站在他面前的孟席斯时，突然意识到了什么。他重新拿起情报仔细看着，抬头问道：

"是它？'超级机密'？"

孟席斯微笑着站在那里，他什么话也没说。其实已无须回答什么了，他那一脸掩饰不住的喜悦早已说明了一切！

这小小几张纸片的意义非同寻常，它们正是布莱奇雷经过几年努力破译的第一批"埃尼格马"密码情报。

从这一天起，"超级机密"成为英国及其盟国在整个第二次世界大战中的一张王牌。战争期间，丘吉尔无论在什么地方，都要求随时将最新的"超级机密"传送给他。

"超级机密"问世之时，也正是不列颠之战激烈进行之时。这次战役为它提供了施展威力的大舞台。

当时正在英格兰上空与德军奋战的皇家空军并不知道，"超级机密"就像一只无形的巨大手臂支撑着他们。常常是戈林刚刚下达命令，布莱奇雷便立刻截获并将其解密，传到道丁的战斗机指挥部。这样，在德国战机从法国基地起飞之前，英国空军指挥官就可以知道起飞飞机的数量和要轰炸的目标，从而有针对性地采取相应的防御措施。

1940年9月15日，布莱奇雷再次破获德军企图在当日白天大规模轰炸伦敦的情报。丘吉尔正是看到这份情报后，对伦敦的防御放心不下，才亲自到第11航空大队指挥部观战的。也正是根据这份情报，皇家空军调集优势力量，进行充分准备，才获得了"不列颠战役日"的大胜。战后有人说，英国是在"超级机密"的帮助下，实现了不列颠之战的这一重大转折，导致希特勒放弃了"海狮计划"。

在整个第二次世界大战期间，"超级机密"是英国一个最机密、最重要、最可靠的情报来源。为了保住这一情报渠道的安全，英国情报部门从一开始就采取了一系列极其严格的保密措施。布莱奇雷庄园是绝对机密的地方，除了战时内阁和军方少数几个决策人物外，无人了解其中的内幕。战时内阁明确规定，"超级机密"情报只能口头向英军作战的指挥员传达，不得以任何文字形式出现在战场上，以防止德军缴获"超级机密"文件。除少数几个高级将领外，其他指挥官都不知道战争情报的来源，他们只是知道这是绝对可靠的情报。

为了防止德军可能从英国对抗措施的有效程度上推断其密码已被破译，所有"超级机密"情报都伪装成来自其他渠道，如间谍、德国的叛徒、缴获的德军文件、纳粹人员的疏忽失密等。

在布莱奇雷庄园的数百名专家，是当之无愧的无名英雄。他们当中几乎没有职业军人，对军衔、职称和权力也很陌生。但是，他们凭着满腔的爱国热情，凭着对纳粹暴行的痛恨和对事业的献身精神，不仅在战时，甚至在战后30年中也未曾泄露一丝一毫有关"超级机密"的内幕。正如首相丘吉尔称赞的，他们是"下金蛋的鹅，从不咯咯地叫"。直到英国政府宣布"超级机密"保密期结束，他们才和人们讲起自己当年的事情。

第五节

伦敦之难

从 9 月 7 日开始,德军对伦敦进行了长期的狂轰滥炸。伦敦城每天夜里都要受到德军轰炸机大编队的空袭。

连日的轰炸使伦敦遭受了巨大的灾难。有的时候,一夜之间因房屋被炸或被烧而无家可归的人达到数万人;有的时候,医院里残肢断臂的伤员就因德军突然的轰炸而葬身烈火之中。居民的生活也遭到了极大的破坏,供水、供电和交通系统也会轰炸得瘫痪。被轰炸最为严重、状况最为恶劣的当属伦敦东区。

伦敦的人们都知道,为了有效地抗击纳粹德国的侵袭,工厂是无论如何都不能停工的。但是,英国的防空火力无法应对德军的狂轰滥炸,所以在空袭最激烈的第一周,居民们夜里就会待在家里或者防空洞里,白天则会想尽办法去工作。那段时间,在伦敦的街头处处可见"照常营业"的牌子。

在轰炸伦敦的过程中,德国空军使用了一种威力极大的可怕武器,爆炸的时候方圆 1 公里之内的整个地区都会受到它的影响。这种可怕的武器

叫作降落伞雷，它有两米多长，直径达 0.7 米，重约两吨半。它来源于战争初期德国海军对付盟军船只的磁性雷，使用的时候由降落伞从高空中悄悄地送下来，然后引燃里面装满的烈性炸药，形成强大的杀伤力。

德国的降落伞雷对伦敦造成了重创。在伦敦西区的波特兰，英国广播公司大厦的侧翼被降落伞雷炸掉，不但摧毁了旁边的一家旅店，还使得周围地区受到了破坏。除了波特兰，伦敦的广大地区都遭到了这种雷的攻击。然而，降落伞雷造成的危害还不只这些，一些没有爆炸的雷，英国人就要想办法将其雷管拆除，要同样面临可怕的技术挑战。

最开始，对于拆除雷管这种技术性的工作，只有在海上对付磁性雷的部分专家进行。但是，随着德军越来越多地使用这种降落伞，英国就成立了一个迅速受过训练的小型专家团，由他们负责这项毛骨悚然的排雷任务。

排雷工作小组的器材非常有限，只有卸雷管的螺丝刀、一团从安全距离拉掉雷管的线、一颗沉着冷静的心，以及一双灵巧的手。一般情况下，一项排雷工作有两个技术专家共同负责，一个人负责拆雷，而另一个人要保持耳朵在雷上细心地听。之所以要细心地听雷管的声音，是因为排雷专家给出这样的建议，"这种雷的声音非常重要，如果听到'嗤嗤'的声音，磁性雷就会在 15 秒钟之内爆炸，所以必须仔细地听，以便能够及时地跑开。"

然而，并不是所有排雷工作都如此简单，因为会有很多未爆炸的磁性雷没有落在地面上或者废墟里。例如，在伦敦东区最大的煤气储存罐上落上了一枚降落伞雷，技术人员就要拆除这颗在风中晃来晃去的雷。又如，横跨泰晤士河的亨格福德大桥的电气火车线上也落上了一颗未爆炸的降落伞雷。更为可怕的是，德国人还在主雷管上面放了一支连锁雷管来用作饵雷，这样的话，如果拆雷管的人不是很懂行，就会引爆那根连锁雷管。

虽然伤亡的事情也经常发生，但是英国的排雷专家们完全不畏困难，以他们的智慧和勇气将大多数雷一一排掉。

这天下午，看似风和日丽，然而却并不平静。首相办公室里，丘吉尔正在阅读战斗机指挥部传来的战报。忽然，远处传来了巨大的爆炸声，他立即驱车前往爆炸点泰晤士河对岸的伦敦南区。自从德军空袭伦敦以来，丘吉尔经常视察被轰炸的灾区，去那些地方安抚市民。

被炸现场一片狼藉，一部分住宅被重型炸弹炸毁了。然而，令丘吉尔感到欣慰的是，一面面小小的英国国旗已然插遍整个瓦砾堆中。伦敦人用这种方式显示自己不屈的意志。这一面面的国旗象征着英国强大的民族精神，象征着战争胜利的希望。

丘吉尔到了现场后，居民们立刻涌了过来，纷纷围聚在首相身边，用各种方式，向首相表明了他们对战时政府的拥护和奋战到底的决心。

丘吉尔流泪了，他被这样的场景感动了，他流下了赞叹和钦佩的眼泪。他相信，有这样的人民的拥护，就没有克服不了的困难！

居民们簇拥着丘吉尔，将他带到一个被炸毁的居民区。在这里，丘吉尔看到了令人痛心的一幕：一个简陋的家庭防空掩体翘立在弹坑边缘，年轻男子迎了出来，受到巨大惊吓的妻子和三个孩子站在防空掩体的入口处；往日的小饭店已被炸成瓦砾，满面泪痕的饭店主人和妻子可怜地看着丘吉尔。

此时此景，怎能让丘吉尔心里好过呢？这些居民的家还在吗？没有家的他们今后可如何生活呢？

丘吉尔一回到办公室就立马召见财政大臣，二人商量出一套补偿方案——凡是因敌人轰炸造成的损失全都由政府承担并立即赔偿。这项方案准备提交议会讨论。

更令人欣喜的是，一周后的英国政府又出台了一项动员全民抗击德军的方案——战争保险方案。

英国政府也同人民一样坚不可摧。英国的市政厅已经于大火和炸弹中毁灭，政府所在地白厅及周围的建筑物也屡遭敌军轰炸，有的已经倒塌，有的被熊熊大火吞没。然而，就在德军轰炸最猛烈的时候，英国政府和议会仍然留守伦敦，他们就在防空洞、地下掩蔽部和附近的建筑物里办公。

一枚炸弹在白金汉宫的场院爆炸，住在里面的国王乔治六世、王后以及他们的两个小公主死里逃生。聪明的丘吉尔首相利用这一事件鼓舞了伦

轰炸后的伦敦

敦人民。他下令将消息传出去，让所有的伦敦穷人都知道，他们不是孤军奋战，国王和王后正与他们经历着苦难。

伦敦人民始终斗志昂扬！

当然，确实有些人被空袭吓住了，但他们仍然留在这座城市，在这里工作着也忍受着，不愿意放弃自己身为市民的责任。物理学家兼作家的C.P.斯诺就是个典型的代表，他后来承认："当伦敦开始被炸的时候，也才发现自己并没有那么勇敢，我很羡慕那些勇敢的人，但我却连夜晚的到来都害怕。当然，这个样子会使我很羞愧，所以我要在表面上强装样子。我的房东太太，平时超级邋遢又没有美德，但她却勇如雄狮。办公室的同事们、酒馆遇到的人们以及我的朋友们都非常勇敢。看到他们，再想到自己，我就非常难受。"

12月29日，圣诞节期间，德军再次对伦敦进行了猛烈的轰炸。在这次袭击中，伦敦市中心的许多古代教堂、英国银行等著名建筑都没逃过德国的轰炸，这座古老城市的心脏伤痕累累。

德军一共出动了244架轰炸机，飞机扔下来的燃烧弹如雨点般砸在伦敦。一时间，木质结构的屋顶就燃起了大火，在狭窄弯曲的街道上，散乱排列着横跨熊熊大火的残梁断柱。

整个城市的大火蔓延的速度太快了，即使开过来的救火车也力不从心，扑灭这样的大火需要太多的水了。天不遂人，那年英国干旱少雨，泰晤士河的水也并不多。救火车很快就抽干了河里的水，流出来的只是一些脏兮兮的少量泥汤。

伦敦市的很多建筑物和教堂都在这场大火中化为灰烬。完整保存下来的圣保罗教堂成了伦敦市中心唯一幸存的礼拜堂。

这场空袭造成的损失，完全是疏忽大意的结果。因此，首相丘吉尔立刻在12月30日召开了紧急内阁会议，并在会议上怒气冲冲地喊道："这种事绝不能重演！"

英国人的这个新年，是在伦敦市中心废墟的燃烧下度过的。

但是，这场空袭将英国人民的惊恐和怨恨驱走了，现在他们心中更多的是愤怒，当然也有了更多的勇气和谨慎。他们知道，只要战争不结束，就还会有炸弹到来。

万众一心的英国人们已经做好准备了，准备接受这场考验！就像丘吉尔所说的那样：

"虽然伦敦人们都遭受了袭击，但那却是伦敦人、英国人最为光彩的时候。一瞬间，所有的英国人都展现出了一种不屈的民族骨气，不管是不苟言笑还是乐观开朗的人，也不管是固执保守还是懂得变通的人，都用一种新姿态去适应了当时那种充满不安与恐怖的动荡生活。"

第六节

高科技战争

　　至于德国空军为什么会在这次战役中败给英国空军，贝克尔这样总结道：对德军而言，轰炸机明显太轻，结实程度不够，对攻击的防御力也不足，且航程很短，所载炸弹较少；而战斗机由于性能较差，数量不足，对掩护轰炸机和作战的任务也有些力不从心。同时，空军指挥部以及帝国元帅戈林，一直变更轰炸目标，致使空中力量分散，从而削减了对重要目标的打击力度。而空袭的成效，尤其是夜间空袭效果被夸大渲染，这让决策者摸不清敌人的真实状况。他们显然低估了英国空军的真正实力，导致决策出现无法弥补的错误。事实上，英国空军雷达网布设范围极广，他们完全能预先知道德军的行动。如此一来，德军的偷袭无法成功。英国虽然在对抗中损失了不少战斗机，但英国空军战斗机的生产速度却极快（比德国要快两倍不止），因此投入战争使用的战斗机数量有一定的保证。

　　贝克尔所总结出来的原因无疑十分公允，不过德军战争的失败绝不仅因为这些方面。除此之外，其他因素也非常重要。例如，德国的这种入侵行为，是众叛亲离的非人道主义行为；英国民众的团结一致，使英军战斗力明显提升；英国空军的指挥得当；等等。最为重要的一点是，在军事技术方面，英国是非常占有优势的，这为不列颠战役的取胜奠定了基础。

　　历史不止一次地向人们表明，战争过程中，军事技术的对抗将对整场战争的胜负起关键作用。恩格斯就这样说过："军人的全部组织和作战方式以及与之有关的胜负，取决于物质的即经济的条件，取决于人和武器这两种材料。也就是取决于居民的质与量和取决于技术。"英国人在战争中动用的雷达技术、电子对抗技术、密码破译技术都领先于德国，因此才能在电子战争中取得最后胜利。

德国空军在不列颠战役开始之初，是没有独立的机载导航设备的，它们对目标进行轰炸主要是靠地面无线电定向信标导航。通常来说，这样根据地面提供的无线电信号来寻找目标有一定效果，命中率较高。但战役开始不久，德军却突然发现了一个严重的问题，那就是他们明明听从地面指令对英国的目标进行了轰炸，可结果却是命中率变低，甚至大多数的炸弹都被丢去了荒山野地。这到底是什么原因？德国空军在饱尝挫败之后才明白，原来英国早已经研制出了"梅康"电台，这种电台可专门对德军发出的地面信号进行截获，然后再进行放大发射，于是使德军飞机接收到错误的指令，从而偏离轰炸目标。其实，这其中的原理便是电子干扰。这也是最早的电子战。

德军在明白了其中的原因之后，马上对自己的无线电设备进行改造，同时又研究了一种更准确引导轰炸机寻找目标的无线电射束。不过，英国有着更为先进的无线电侦测手段，很快便将德军无线电波截获，并利用

德国无线电通信车

"分裂射束"的方法对德军无线电射束进行干扰,从而导致德轰炸机偏离袭击目标。正是因为这样的信号干扰,使德军飞行员大受困扰,他们要么提早投弹,要么毫无目标地投弹,甚至让一名飞行员在空中迷失方向,从而误将英国机场当成了法国基地,结果降落之后便被英国人生擒活捉了。

后来,德军在对伦敦进行轰炸时,为保证投弹的准确性,特意研制出一种无线电导航系统,称为"罗圈腿"。这种系统装在飞机上之后,飞行员可以听到耳机里传来的电波声,而这电波是德军在法国指挥部的无线电发射塔传来的。当飞机偏离航线时,电波声便传出一系列的长、短音,飞行员则可乘机进行航向修正。在飞行员快到达到指定目标后,电波便会和另一不同频率的电波相混合,飞行员则可听到另一种声音,进而明白自己已经快到达目标。这时只需很短的时间,目标即可抵达,飞行员便可以趁机丢下炸弹。就准确度而言,"罗圈腿"系统准确范围可保持在2.6平方公里之内。

英军知道了德军"罗圈腿"的存在之后,立即让专家对此进行对策研究。这些专家迅速组成一个小队,并被命名为皇家空军第80号大队。他们很快投入了研究工作,飞机不断派上天空,为的就是对德空军电波系统进行跟踪测定。这些技术专家还亲自爬上100多米高的雷达塔,在上面装了无线电接收器,对"罗圈腿"的信号进行监听,然后确认发射来源和频率。皇家空军第80号大队,犹如英军电子发明智库,没用多长时间便找到了对付"罗圈腿"的方法。

英军最先运用的是可以发射高频电波的医用透热器,其发射的信号可将敌人的信号覆盖掉。这些装置被分别安置于目标地区的警察局或是流动车中。在英国空军指挥部传达敌机飞来的消息时,地面人员就会将这些透热器打开。如此一来,德国飞行员便没办法接收"罗圈腿"的电波了。

没过多久,英军又发明了更有效的干扰"罗圈腿"电波的办法。就是利用自己的无线电指向台发出电波频率,在其中加入长短不一的摩斯密码,来冒充"罗圈腿"的电波信号。这方法可以使德国飞行员受到蒙蔽,进而与自己原定目标偏离。

英军这种先进的电子干扰技术,在不列颠战役中发挥了重要的作用。

当德军对伦敦展开轰炸时，英国国防部的少校克劳斯顿将自己的妻儿送去乡下。当时，他亲眼看到一片旷野之中连续发生多起爆炸，尘土、石子飞得到处都是。他对地面的弹坑进行清点，发现足有100多处。让他最为震惊的是，这些炸弹都被扔在了荒无人烟，距离居民区以及市镇15公里以外的地方。他一开始不明白德国人这是在做什么，可后来才弄清楚，这全都是英国电子干扰所立下的功劳。这位克劳斯顿军官亲眼所见的事实，足以说明电子干扰技术的成效。

英军电子技术的使用不但削减了德军的轰炸效果，还使英军的抗敌士气大大提升。马蒂尼作为德军无线电射束的研究主持者，坦率承认自己没有意识到高频率战争的重要性，对英国的实力也有所低估。

在这场战役中，使得英军占得先机的不只有电子干扰技术，雷达技术、密码破译技术同样为英军赢得战役做出了重要贡献。英国人因此得到足够的优势，在对德空战中居于不败。

英国空军帕克将军不无感慨："可真得感谢上帝，因为德国空军司令戈林对现代军事技术的运用并不娴熟，他并不真正懂得战争依赖新的技术，并由此而引起的战术上的改变。这大大束缚了他的手脚，使他在不列颠空战中依然沿袭陈旧的空中骑士的作战方式。否则，他们就不会失败得那么惨，而我们自然也不可能猎取那么大的战果。"

列宁一向强调军事技术在战争中发挥的重要作用，他说："战术是由军事技术水平决定的——这一真理恩格斯曾向马克思主义者作了详尽的解释。现在军事技术已经不是19世纪50年代那样了。用人群来抵挡大炮，用手枪防守街垒是愚蠢的事情。"此外，恩格斯也讨论过旧式武器无法适应新战争要求的事实："格里博瓦尔设计的较轻便的野炮架，它使野炮能以现在所要求的速度转移……如果没有这些进步，那么使用旧式武器是不能进行散兵战的。"历史上无数战役都愈发表明高科技战争的重要地位，并且有力地证实了发展战争科技之必然。先进的技术总是能抢占先机，落后的技术则会挨打，这在任何地方都适用。